Mein Herrchen
und ich

Bild

Das Buch

Dies sind die Abenteuer der Jack-Russell-Mischlings-Hundedame Ruby, von ihr selbst erzählt. Seit 5 Jahren berichtet sie jeden Donnerstag in der Bild-WOCHE von ihrem Leben mit Herrchen und Frauchen und später auch Herrchen jun. Und was ihr sonst so jeden Tag begegnet. Dabei gewinnt der Leser auch wertvolle Einsichten in die Natur und Psyche des Hundes. Wer die beiden »von Herrchen« geschriebenen Bände, »Mein Leben mit Ruby« und »Ruby – Liebe ohne Ende« gelesen hat, wird auch dieses Buch »verschlingen«.

Der Autor

Ruby bedient sich ihres Herrchens als »Ghostwriter«. Norbert Körzdörfer ist Chefredakteur der Bild-WOCHE, Mitglied der Bild-Chefredaktion, Kolumnist der WELT am SONNTAG und Autor. Seine „Ruby"-Kolumnen erscheinen seit über 5 Jahren in Bild, Rubys eigene Kolumne seit 5 Jahren in der Bild-WOCHE.

Mein Herrchen & ich

Mein Herrchen und ich

Rubys geheimes Tagebuch

Ullstein

Bildnachweis:
S. 6/7, 16, 22/23, 43, 52, 62/63, 77, 83, 93, 100/101, 128 © Th. Lorenz
S. 28 o.l. © Sybill Schneider, Hamburg
S. 35 © P. Brunner
S. 36 © M. Siebahn
S. 37 (Zeichnung) Lucie Henseler
S. 80, 81, 82 A. Blumenthal / © BILD-Zeitung
S. 86 © N. Körzdörfer

Ullstein Taschenbuchverlag 2000
Der Ullstein Taschenbuchverlag ist ein Unternehmen
der Econ Ullstein List Verlag GmbH & Co. KG, München
Originalausgabe

„Ruby" ist als Markenzeichen gesetzlich
geschützt und eingetragen:
Deutsches Patentamt Nr. 39733670
Umschlagkonzept: Buch und Werbung GmbH, Berlin
Umschlaggestaltung: Volkmar Schwengle, BuW
Titelabbildung: BILD/Andreas Blumenthal
Satz und Repro: LVD GmbH, Berlin
Gesetzt aus der Avant Garde
Druck und Weiterverarbeitung: Ebner Ulm
Printed in Germany
ISBN 3-548-42033-8

Für Anita –
unsere BILD-Perle hat mich
in Herrchens Büro verwöhnt,
versteckt und mein Bellen
ins Menschliche
übersetzt.

Und für Kati & Nico –
sie sind da, wenn sonst
keiner da ist.

Es war Liebe auf den 1. Blick.

Laut war's. Silvester-Party. Ich war noch ein faustgroßes Russel-Baby. Ich stand zitternd auf meinen Bleistiftbeinen in der Ecke, weil die Pop-Musik so dröhnte. Die Luft hatte Hämmer. Weil ich keine Hände habe, konnte ich mir meine Schlappohren nicht zuhalten.

Plötzlich sah ich ihn – und sein Frauchen. Sie hielten durchsichtige, schäumende Näpfe in den Pfoten. Bei jedem Schluck lachten sie.

Seine große Hand hob mich auf. Ich durchschaute ihn sofort: großes, weiches Herz, keine Ahnung von uns Hunden, zu viel Näpfe geschlabbert. Er streichelte mich. Er bellte lallend, aber ich verstand ihn nicht (das sollte noch Monate dauern).

Ich hatte Angst. Ich war ein Waisen-Welpe, der wieder ins Tierheim sollte. Ich suchte neue Eltern. Aber wer will einen Mischling mit Witta-Pohl-Augen, zwickenden Piranha-Zähnchen und einer Blase wie ein Niagarafall?

Nur Dummköpfe auf 2 Beinen …

Es war 4 Uhr früh. Sie schleckten ihre Schlabberzungen. Sie tranken jetzt gelben, schäumenden Saft aus Krügen. Ich durfte im Schoß dösen. Zärtlich bellte Frauchen:

»Du – können wir das winzige Etwas nicht behalten?«

Dieser Satz veränderte mein Leben. Mein neues **Herrchen** nickte.

Er wusste nicht, was er tat …

- dass er 15 Jahre mit mir leben muss;
- dass er jeden Tag 3-mal mit mir spielen muss;
- dass ich so viel Liebe brauche wie ein Pottwal!

Schock! Herrchens Hütte hat keine Bäume!

Herrchen hat die größte Hundehütte, die ich je gesehen habe – eine Mietshütte mit vielen Löchern. Weil ich noch ein Baby war, trug er mich 106 Stufen hoch. Er steckte einen kleinen Knochen in die Tür – ich war daheim …

Ein Schock! Kein Baum! Kein Gras! Kein Loch zum Knochen-Vergraben. Und alles stank sauber nach Badewanne …

Aber ich liebe Herrchen, weil sein weiches Herz eine große Leberwurst ist. Er bellte unverständlich wie ein Baby und streichelte mich, als wäre ich ein Teppich. An jeder Pfote hatte er 5 kleine Knochen, die ich beißen durfte. An den Füßen quollen 2 dicke runde Knochen zum Schlecken und Knabbern.

★★★

Ich schlafe am liebsten 23 Stunden am Tag, wie die Löwen. Aber wo? Ich war ja nur 2 Fäuste groß. Ich durfte mit in Herrchens Riesenkörbchen mit weißen Wolken, ausgestopft voller Gras. Herrlich! Frauchen küsste erst mich und dann Herrchen. Bei dieser Reihenfolge sollte es bleiben …

Ich entdeckte das Paradies: ein großer weißer Kasten, der schnurrt. Wenn Herrchen aufmacht, bin ich im 7. Hundehimmel: Würstchen! Kalte Spaghetti! Leberwurst! Halbausgefressene Näpfe! Wenn's darin nicht so kalt wär', würde ich da wohnen – ein **Rubyraffenland!**

★★★

Ich bin glücklich, weil Herrchen so viel Zipfel hat, die ich zerbeißen kann. Ein Zipfel um den Hals (Schlips), 2 Zipfel an den Fußpfoten (Socken), ein schlabbernder Zipfel um den Bauch (Bademantelgürtel). Und dann hat er noch einen nackten Zipfel, aber da darf ich nicht ran … Nur Frauchen.

Warum ist Herrchen nur so faul?

Wenn die Sonne blinzelt, liegt er in seinem riesigen Daunenkörbchen wie ein Bernhardiner ohne Fass. Frauchen kocht schon schwarzes dampfendes Wasser, das sie immer pustend schlabbern.

Aber er schnarcht. Gott sei Dank hat er mich. Mein Beruf: schleckender **Wecker**. Wenn Frauchen den grausamen Befehl flüstert, muss ich los: **»Such Herrchen!«**

Ich rase durch 2 Türen, biege um die Ecke, in die Zielgerade: Ich springe wie ein Pferd auf die Leiche. Mit 2 Pfötchen halte ich sein Kopffell fest und ziehe meine Zunge zärtlich wie ein Waschlappen über seine stoppelige Schnauze.

Es klappt: Er schreit. Fast auf 4 Füßen kriecht er dann in eine große Schüssel und gießt sich Regen auf sein Fell. Er stinkt dann furchtbar sauber.

★★★

Das Nasen-Massaker. Weil ich Herrchen zu lieb hab', sprang ich ihm mal direkt ins Gesicht! Mit meinem Vampir-Eckzahn ritzte ich seine große Nase auf. Blut spritzte. Alles war rot. Er schrie (tut er eh sehr gern). Aber er war gar nicht böse.

Was mich an Herrchen stört:

- Er ist nie zu Hause! Ab ich bin ein Rudeltier. Ich brauch' meinen Chef.
- Er ist noch fauler als ich! Aber ich bin genetisch ein Jagdhund. Ich muss laufen, springen, spielen. Ich brauche frische Luft wie er Bier. Ich muss mindestens 4-mal pro Tag Gassi. In unserer Mietshütte gibt's ja keine Wiese.
- Er ist zu weich! Er kann mich ruhig deutlich anbellen, damit ich weiß, was ich tun soll. Ich gehorche gern.
- Er mag keinen Dreck! Aber ich liebe Schlammpfützen, angespülte Fische, Mülltonnen, vergrabene Knochen, Misthaufen etc. Das ist Parfüm für meine Nase. Die Zweibeiner wissen gar nicht, was ihnen entgeht.
- Er schaut zu viel TV! Die Zweibeiner sind verrückt. Sie glotzen stundenlang in einen flimmernden Kasten, aus dem nicht mal Knochen kommen. Herrchen lebt zu passiv. Aber ich wickele ihn schon um meinen Ringelschwanz ...

Typisch. Er verzeiht alles. Ich kann mit ihm machen, was ich will – auch wenn ich's gar nicht will ...

★★★

Ich bin Grundbesitzer. Wir bauen ein Bauernhaus am Meer. Ein Riesen-Misthaufen dampft. Pfützen zum Baden, Dreck zum Wühlen, Bäume zum ... Es stinkt herrlich. Mir geht's saugut! Ich krieg' auch eine Hunde-Villa mit Reetdach. Endlich kann ich jeden Strolch einladen ... Oft frage ich mich: Was für ein Auto würde ich mir kaufen, wenn ich Mensch wäre? Zum Boxer passt ein BMW. Zum Afghanen der Jaguar. Zum Pudel ein Opel. Ich würde einen Renault Twingo fahren, klein, frech und witzig, wie ein Jack-Russel-Mischling. Aber ich sitze in Herrchens Dienst-Mercedes, wo ich kaum rausschauen kann. Mein Platz ist die Mittelkonsole. Aber ab 130 km/h zittere ich – blödes Pech.

★★★

Herrchen ist naiv. Er bellt ständig mit mir und denkt, ich verstehe nichts. Tu' ich aber! Meine Nase sind meine Augen.

- ich rieche 17tausendmal besser als ihr. Meine Nase ist ein Mini-Chemiewerk. Meine ausgebreiteten Geruchszellen sind so groß wie

ein Tennisplatz. Bei dem Menschen ist es nur eine Streichholzschachtel.

- Ich rieche, ob Herrchen wütend, traurig, ängstlich, sauer, erregt ist, unter Stress steht oder ob er lügt.
- Meine 17 Ohrmuskeln merken sich **sein** Motorengeräusch unter Tausenden. Ich höre, ob er die Treppe hochkommt, sogar, ob er am Computer tippt oder Frauchen.
- Ich höre Ultraschall, kann mein inneres Ohr aber auch abstellen gegen plärrende Musik.
- Ich sehe nur schwarzweiß, aber mit Panorama-Blick (270 Grad).
- Mein Rasen vor dem Haus ist wie meine Morgenzeitung, eine Art Klatschspalte für Hunde. Wer mit wem und so. Ich rieche, wer hier vor 24 Stunden war. Ob Kind, Erwachsener oder Katze.

Fazit: Hunde sind nicht doof! Wir wissen viel mehr, als ihr ahnt. Aber es stimmt schon: Manchmal stellen wir uns einfach dumm, weil ihr ja Herzen habt wie ein Wattebausch.

Sex mit »Rex«?

Richtig genießen kann ich Herrchen nur, wenn Frauchen weg ist. Dann muss er mich den ganzen Tag gern haben.

- **Bauchkraulen.** Er befiehlt: »Wie machen die Mädchen auf St. Pauli?« Dann muss ich mich in die Missionarsstellung rollen – und er krault meine 10 Busen.
- **Eisschrank-Orgie.** Wir gucken in den kalten, schnurrenden Kasten, was Frauchen eingekauft hat. Leberwurst, frische Spätzle, Salami, Tartar, Nudelsalat – gerecht teilen wir. Er das Beste, ich die Reste.

Wenn Frauchen da ist, darf ich nur aus dem Napf fressen. Aber Herrchen hat keinen Willen. Ich gucke ihm so lange in die Augen, bis er schmilzt (von unten durch den Glastisch oder von hinten über die Schulter).

Ich ess' dann vom flauschigen neuen Teppich, die ideale Schnauz-Serviette.

- **Schmutzschlacht im Park.** Weil ich ein Jagdhund bin, flitze ich. Ich kann fast fliegen, so schnell bin ich. Am dreckigsten ist es bei Regen. Ich bade in Pfützen, und Herrchens Äste sind so schmierig, dass er dann wie eine Sau ausschaut. Das Üble: Danach duschen wir zu zweit. Er hat einen Schaum-Tick. Ich stinke sauber. Ich liege auf dem Sofa, und er guckt Videos ab 18 (viel Blut und Krach) – statt »**Kommissar Rex**«, den ich ziemlich geil finde. So männlich, ganz anders als Herrchen.

★★★

Im Park lachen mich die alten Hunde aus – weil ich noch nie **»Sex«** hatte. Das ist entweder ein geheimnisvoller Riesen-Knochen, eine neue Leberwurst-Sorte oder so was wie »Rex«. Herrchen ist da verklemmt. Er murmelt immer was von »sündigen Knochen«, vor denen er mich beschützen muss. Quatsch! Den Sex buddele ich schon noch aus …

Grippe: Ich leide wie ein Hund …

Ich hörte sein Auto bremsen. Aber er lief die 106 Stufen im Treppenhaus nicht hoch wie sonst. Dann knirschte sein Knochen im Schloss … Herrchens Nase leckte! Seine Zunge hing raus wie bei mir, seine Augen waren feucht – und er stöhnte …

Mein Herrchen war krank! Er sank wie Henry Maske auf mein Sofa. Hatte er Hühnchen-Knochen gegessen? Oder zu viel gelben Schaum getrunken?

Mein kleines Herz pochte ganz laut. Ich winselte: Herrchen, du darfst nicht sterben …« Aber wir bellen ja verschiedene Sprachen.

Ich schleckte zärtlich seine Pfote, die ganz heiß war. Er kroch in sein Körbchen – und guckte kein Video. Es war also ernst.

Ich zog zu ihm. Ich legte mich neben sein Bett, um ihn zu bewachen. Plötzlich begann seine Schnauze zu grunzen. Er war eingeschlafen …

★★★

7 Uhr, die Vögel zwitschern. Ich bin der Weckbeauftragte. Soll ich seine Grippe-Nase lecken – und mich anstecken? Ich knabbere lieber seine Zehe an. Herrchen niest wie ein Bernhardiner.

Wir bleiben allein zu Hause. Er geht keine Knochen verdienen. Wir ziehen uns ein paar Videos rein. Er badet, ich schlecke den Schaum von seinen Füßen. Danach gibt's Leberwurst nonstop. Dann schlafen wir engumschlungen auf dem Sofa ein …

Ich glaube, ich hab' ihn gerettet.

★★★

Mir ist auch schlecht. Zum 2. Mal in meinem Leben (1½ Jahre) werde ich zur Frau. Ich muss einen weißen Keuschheits-Tanga tragen. Ich seh' aus wie Tarzan. Aber ich darf nicht mehr mit Männern spielen. Sie heulen, wenn sie mich sehen. Ich vermute, es geht um diesen geheimnisvollen Riesen-Knochen, der Sex heißt. Ich gucke Frauchen immer an, aber sie verrät nicht, wo ich ihn ausbuddeln kann. Herrchen ist eh prüde. Aber mein Tag wird kommen …

Was mich an den Menschen stört

1. Sie machen ihre Augen und ihr Herz nicht auf!

Rad-Rambos klingeln mich weg. Hausmeister verscheuchen mich. Kinder werfen mit Steinen. Nur alte Menschen haben Instinkt und Gefühle: Sie sehen, dass wir Hunde scheu und ängstlich sind in der Stadt.

2. Sie haben keine Zeit!

Ich könnte stundenlang auf der Wiese schnuppern, an den Hecken, Bäumen, Büschen. Denn sie sind quasi unsere »Zeitung«. Aber selbst Herrchen wird unruhig, will immer weiter! Wohin denn? Wir Hunde leben immer im Jetzt. Wir haben keine Sorgen, denn wir denken nicht an morgen.

3. Sie lassen mich zu oft allein!

Wenn Herrchen die Haustür schließt, bin ich traurig. Dann bin ich 4 Stunden allein – nur mit meinem »Knutschi«, dem Körbchen und der Flauschdecke. Aber ich kann in der Wohnung nicht spielen. Denn hier gibt es keine Bäume und Natur, kein Leben …

★★★

Ich hab' nur Jungs als Freunde – 1 Pfote voll. Frauen find' ich zickig.

Meine Liebhaber:

1. Flachs (3) – ein schlaksiger Schäferhund-Mischling mit Knickohr. Ihn möchte ihn einmal heiraten.
2. Santo (4) – ein Ex-Beamter, Polizei-Hund (4000 Mark wertvoll). Er kann alles, was ich nicht kann (will): hört aufs Wort, bettelt nie. Leider muss er nachts im Zwinger schlafen.
3. Balley (3) – ein gemütlicher Golden Retriever, der dauernd gähnt.
4. Dutchy (5) ein echter Jack-Russell, der am liebsten knurrt und Fernsehen schaut (er schleckt sogar die Mattscheibe ab, wenn sie dunkel ist).
5. Ellie (6 Monate) – ein Dandie-Dinmont-Terrier. Sie ist die große Ausnahme: eine Frau wie ich – mit kaschmirweichem Fell und einem Gesicht wie »Fukur«, der Film-Drache.

Ich entdecke Knochen, die schwimmen …

Ich muss keinen Keuschheits-Tanga mehr tragen. Kein Rüde läuft mir mehr nach. Der große geheimnisvolle Knochen, der Sex heißt, wurde irgendwo vergraben.

★★★

Frauchen nimmt mich mit an den größten Napf der Welt (Ostsee).
Hier bauen wir eine Riesen-Hundehütte mit Strohballen am Dach.
1. Entdeckung: Es gibt Knochen, die schwimmen, an der Küste stranden und wunderbar stinken (Fische).
2. Entdeckung: Ich kann im Wasser strampeln und geh' nicht unter. Herrchen hüpft in die Luft und bellt jauchzend: »Ruby kann schwimmen …!«

★★★

Ich hasse Musik. Sie dudelt im Bad, über meinem Flauschkörbchen, über meinem Küchennapf und in dem großen Blechmonster, das so schnell läuft (Auto).
Die Zweibeiner haben gar keine Ahnung, wie schön die Stille ist: das Rauschen der Bäume, das Heulen des Windes oder das Schnarchen der Hunde.
Wenn Herrchen dauernd Video guckt, kann ich meine Ohren abschließen wie eine Tür (ein gewisser Schallpegel dringt nicht durch).
Mir ist es völlig Leberwurscht, dass ich nicht zum Justus-Frantz-Konzert darf oder zu Rod Stewart. Lieber zerbeiße ich die Rinderziemer oder getrocknete Pansen-Sticks.
Er kann was riechen von mir: Ich pupse meinen Ärger raus …

★★★

Ich hab' einen neuen Freund: Ein seltener kleiner Zweibeiner, der nie redet – Sascha (5). Er hat ein kleines, naives Hunde-Herzchen, das nichts ernst nimmt und nicht an die Sorgen von morgen denkt. Denn wenn Menschen erwachsen werden, verhärtet sich ihr Herz. Sie knurren, schimpfen und streiten sich.
Ich bleib' klein, dumm, hungrig und glücklich.
Wenn ich wieder auf die Weit komm', werde ich wieder Hund. Oder Kuh? Oder Kühlschrank …

Meine 10 Hunde-Gebote

Hunde-Wetter? Hunds-gemein? Hunde-müde? Hunde-elend? Hunds-Tage?
Glaubt ihr Menschen eigentlich, wir sind sau-blöd? Falsch! Wir sind nur eure Spiegel. Wir sind sensibel, schlau und eure kleinen Psychiater. Wir sind emotionale Wärmflaschen. Ich breche mein Schweigen und verbelle euch zum ersten Mal die 10 Hunde-Gebote.

Gebot Nr. 1:

Habe niemals Angst! Wenn dich einer anknurrt, knurre zurück! Und: Ziehe niemals den Schwanz ein! (Geht bei mir eh nicht, wegen Ringelschwanz!)

Gebot Nr. 2:

Stammbaum & Adel sind Quatsch! Mich hat man – wie Roland Kaiser – gemein als Baby ausgesetzt. Wir waren beide im Heim. Trotzdem haben wir's geschafft: Wir sind Promis.

Gebot Nr. 3:

Fremde Knochen sind tabu! Ich bin stinksauer, wenn einer meine Knochen klaut, die ich auf dem Land vergraben hab'. Das ist mieser, als wenn jemand von Herrchens kaltem Bier trinkt.

Gebot Nr. 4:

Ich brauche Freiheit! Leinen sind fies! Vom ersten Tag als Welpe durfte ich bei Herrchen frei laufen. Er hat mich so erzogen, dass ich auch in der City »ohne« gehen kann. Frauchen denkt genauso …

Gebot Nr. 5:

Emanzipier dich auch als Hündin! Von wegen nur Rüden haben ihr eigenes Revier. Auch ich setze in meinem Park Duftmarken. Wie soll sonst mein Traumrüde wissen, dass ich da war?

Gebot Nr. 6:

Information macht schlau! Wenn ich aus dem Haus trippele, muss ich als Erstes meinen Vorrasen abschnüffeln. Er ist meine Hunde-Bild-WOCHE. Ich kann dort lesen: Wer war da? Mit wem? Und wann?

Gebot Nr. 7:

Lass dir eine gute Bettel-Technik einfallen – und dein Herrchen teilt alles mit dir. Also: Kopf schräg, Pfote auf Oberschenkel & Knopfaugen-Blick. Und schon kommt Herrchens Treue-Prämie: Morgens Leberwurstbrot. Abends Fleisch-Zippel.

Gebot Nr. 8:

Lass dich nicht von jedem dahergelaufenen Köter beschnuppern! Ich bin meinem Freund »Flachs« treu!

Gebot Nr. 9:

Wenn Frauchen mit dir schimpft, dann sei besonders lieb zu Herrchen. Wetten, dass Frauchen eifersüchtig wird?

Gebot Nr. 10:

Hundeschule – nein danke! Ich kann (wenn ich will) sitz, platz, aus und pfui! Und wenn Frauchen ruft, dann komme ich schon. Das reicht doch! Der Chef der Deutschen Bank hat auch nicht studiert …

Warum ich »Wurstosoph« Deutschland liebe …

Herrchen-freie Bude. Er ist im Urlaub. Schippert mit seinem Freund, Kapitän Mario, in einem großen weißen Körbchen über die Adria.

Mal ehrlich, ich will gar nicht mit. Was soll ich auch auf einem Schiff. Da gibt's keinen Rasen. Fische haben nur so komische kleine Knochen. Und ich habe ja auch keinen Bikini-Pelz.

Außerdem dürfen Hunde über 5 Kilo (ich hab' $5^1/_4$) nicht im Jet in der Menschen-Kabine mitfliegen, son-

dern müssen in fiese Plastikboxen mit Gittern. Und werden eingesperrt im Flugzeugkeller verstaut (mit Klimaanlage).

Nix für mich ...! Da bleibe ich lieber im Leberwurstland. Fahre lieber aufs Land zu Schwiegermama. Zu meiner Freundin, dem Kaschmir-Hund »Elli«, und dem Jack Russel »Dutschi«.

Ihr Zweibeiner seid leider immer auf der Suche nach was Neuem. Aber alle großen Philosophen blieben immer zu Hause: Kant, Seneca, Sokrates und Ruby. Ich bin ein Wurstosoph. Mein Körbchen ist mein Castle.

1. Ich liebe die kalte Ostsee! Sie riecht salzig, rau und steckt voller Sauerstoff. Danach rubble ich mich mit den fischigen Algen ein.

2. In der Wurst-Republik Deutschland gibt es 150 Sorten. Ich lass' mich doch nicht aus dem Paradies vertreiben.

3. Im Süden wimmelt es vor lauernden Katzen. Wuff! Die schleichen so ...!

4. Diese Hitze. Jaul! Aber in Deutschland macht der Regen mir immer kleine Schlabber-Näpfe in den Asphalt.

5. Ich bin auch mal ganz gern allein, denn Herrchen klebt schon sehr an mir. Er ist fixiert. Er überschüttet mich mit Liebe, Knochen und Schweinsbraten. Ein bisschen Trennung frischt unsere Liebe wieder auf. Nach 2 Tagen vermisse ich ihn ja schon ...

★★★

Riecht's bei Ihnen auch so gut, wenn die Sonne sinkt? Ich glaube, ihre Strahlen zünden überall die Würste an. Denn es brutzelt in der seidigen Luft nach Gegrilltem. Und immer wieder plumpst ein Bratwürstl in meinen Schlund ...

Was soll ich auf Mallorca, der Insel der streunenden Rubys ...?

Ihr Menschen seid seltsam!

Ihr seid die einzigen Tiere, die sich jeden Morgen waschen und anziehen müssen. Schrecklich!

Ich hab's besser. Ich stehe auf. Recke und schlecke mich kurz. Und auf geht's.

Herrchen dagegen – der arme Kerl – steht schon morgens in einer weißen Zelle im Regen. Pfui!

Dann schmiert er sich eine Art Schlagsahne ins Gesicht, um sie gleich wieder mit einem fiesen Messer abzuschaben. Brrrrr!

Und dann schlüpft er in ein seltsames Fell aus grauem Stoff. Und um seinen Hals bindet er eine Art Leine

aus Seide. Furchtbar! Ich hasse Leinen!
Und Frauchen erst. Mindestens alle halben Jahre kauft sie sich ein neues »Fell«. Ihr Menschen nennt es dann wohl Mode. Als Hund kann ich nur sagen: Mode muss anscheinend so hässlich sein, dass ihr Menschen sie alle 6 Monate ändert.
Der liebe Gott hat mich schwarz angezogen. Ich bin ein Klassiker! So eine Art »kleines Schwarzes«. Das passt immer.

★★★

Ich wohne übrigens zzt. bei Schwiegermama. Herrchen und Frauchen sind verreist. Herrlich hier! Eine Art 5-Sterne-Hotel für Hunde! Mitten im Wald. Teich mit schwimmenden Würsten (Goldfische). Und 24 Stunden Love-Parade mit meinen Freunden Dutschi, Elli, Santo & Leica.
Bei Schwiegermama darf ich Laufmaschen in ihre Seidenstrumpfhosen reißen (Frauchen ist da stinksauer!). Damit ich besser liege, legt sie extra für mich Bettlaken über ihre Sofas. (Oder ist's für die Sofas ...?)
Und der Service ist gigantisch: Bei ihr brauche ich gar nicht betteln, da gibt's automatisch Leberwurst-Brot zum Frühstück. Und vorm Schlafen einen kleinen Knusper-Knochen.
Ich weiß nicht, ich muss mit Herrchen und Frauchen mal ein ernstes Wort bellen, wenn sie zurück sind ...

Mein »Hundeleben« auf dem Land

Ich bin immer noch allein. Meine Chefs, Herrchen und Frauchen, sind im Urlaub. Ehrlich gebellt, ich vermisse sie kaum. Ich lebe im Paradies bei Schwiegermama und meinen vier Freunden Dutschi, Ellie, Santo und Leica.
Was ich auf dem Land in einer Woche gelernt habe:
1. Wer zu langsam frisst, den bestraft der Napf. Zu Hause fresse ich je nach Appetit. Manchmal lasse ich mir einen Dessert-Brocken zurück. Hier – im Rudel – lauert die Konkurrenz. Hier wird gefressen, was auf den Boden kommt. Sonst frisst hier irgendein Schwein alles weg.
2. Gesellschaftlich ist es auf dem Land stinklangweilig. Mir fehlt der Stadtrasen – meine tägliche Klatschspalte. Hier riecht's immer nach den gleichen Typen. Keine streunenden Strolche, keine schnellen Flirts, kein reicher Play-Dog schaut mal vorbei.
3. Mein Bio-Hunde-Rhythmus ist total durcheinander. Mit Herrchen ziehe ich oft bis spät in die Nacht von schäumendem Napf zu Napf. Ich

liebe den Sound von quasselnden Zweibeinern. Hier auf dem Land ist um 21 Uhr Körbchen-Ruhe, und um 6 Uhr – da träume ich normalerweise noch von fetten dicken Leberwürsten –, da muss ich hier schon raus (Herrchen steht nie vor 8 Uhr auf).

4. Das Land ist eine Goldgrube. Ich bin zum Knochenschürfer geworden. Jeder Tag ist hier wie Ostern. Ich schnüffle mich durch den Garten. Kurzes Graben. Zack, habe ich einen Knochen von den anderen Hunden entdeckt. Das Land macht mich zum Archäologen.

PS: Mein kleines Herz ist doch traurig, Herrchen fehlt mir etwas. Vor allem seine zufällig heruntergefallenen Spaghetti. Seine heimlichen Wurstsemmeln und sein Watteherz.

Ohne Zweibeiner kann ich nicht leben!

Die Mercedes-Hupe tutet.
Mein Sound der Sehnsucht ...
Seit zwei Wochen bin ich herrchenlos – mein Boss war auf See. Ich war Single im Garten-Paradies der Schwiegermama. Es war herrlich, aber auch traurig ...
Ich rase hoppelnd um den Teich, über den Kies, ran ans Gartentor. Da ist er! Braunes Fell, Mädchenhaare, Hornissen-Brille, große rote Urlaubsnase – das schönste Herrchen der Welt!
Ich springe hoch bis zu seinem Hemd, und ich lecke seine braun gebrannten Pfoten. Ich knabbere an seinen Fingerknochen – wie mir das gefehlt hat ...
Ich bin eben ein Menschen-Hund! Ohne Zweibeiner kann ich nicht mehr leben.

★★★

Ich habe ja auch zwei Wochen Ferien gehabt auf dem Land. Riesenbäume im Sachsenwald, blühende Blumenbüsche und die Brandung des Meeres, stinkende Fische und die gütigste Schwiegermama der Welt (hat vier Hunde).

Aber das Landleben ist hart!

6.00 Uhr: Aufstehen. Vögel und Kaninchen jagen – vergebens.

7.00 Uhr: Im Auto zum Brötchenholen.

8.00 Uhr: Kampf um den Napf. Was ist drin? Müsli! Flocken! Bin ich ein Bio-Hund? Ich bin kein grüner, ich bin ein schwarzer Hund (ich habe dem Kanzler Kohl schon die Pfote geschüttelt).

9.00 Uhr: Spielen nonstop. Aber ich hatte einen schattigen Platz am Teich, wo ich meinen Tennisball verstecke und mich keiner findet.

12.00 Uhr: Mittagsnapf (übel).

13.00 Uhr: Ausgehen, z. B. zu Schäferhund Flachs am Meer.
15.00 bis 18.00 Uhr: Dösen. Aber bei Bell-Alarm muss ich raus wie die Feuerwehr. Ich bin für das Haus verantwortlich.
20.00 Uhr: TV gucken. Betteln & Sofa verboten.
23.00 Uhr: Schlafen im Badezimmer.

Fazit: Ich bin fix & fertig, aber schlanker & schneller geworden.

★★★

In Herrchens Auto bin ich gleich eingeschnarcht, habe geträumt: schlafen, so lange du willst, Leberwurst ohne Ende und abends Spaghetti …
Ich bin ein versauter Hund.

Hitze-Koller. Ich hechle 300-mal pro Minute

Sauna-Deutschland! 30 Grad! Puh! Mir ist heiß.
Ich kann zwar nicht schwitzen wie ihr Menschen. Aber es ist Quatsch, dass wir Hunde nur unter der Zunge Hitze empfinden.
Weil ich mein kleines schwarzes Fell nicht ausziehen kann, habe ich eine spezielle Ersatz-Technik: Hecheln! Normalerweise atme ich so 40-mal in der Minute. Aber bei Hitze bringe ich es auf 300-mal in der Minute. Jedes Mal atme ich dabei etwas Wasserdampf aus. Und transportiere so Hitze aus meinem kleinen Körper. Schlau, nich …?
Diese Woche ist mir die Hitze sogar auf den Magen geschlagen. Mitten in der Nacht war mir plötzlich »kotzübel«. Und ich musste dringend … ganz dringend … keine andere Chance …
Es war so gegen 2 Uhr in der Früh. Frauchen und Herrchen lagen sich in den Pfoten. Sie schliefen (komisch, ich bin immer sofort wach!).
Um 3 Uhr konnte ich nicht mehr. Ich bin dahin gegangen, wo Herrchen auch immer hingeht in diesen Fällen (bei uns sind alle Türen offen, wegen des kühlen Windes). Ich nahm allerdings die weiße Badematte anstatt dieser rauschenden großen Schüssel. Aber niemand hat mit mir geschimpft am Morgen …

★★★

Ihr Menschen macht immer alles so wahnsinnig kompliziert!
- Ständig schaut ihr auf die Uhr. Stellt euch abends sogar einen Wecker! Uhren sind mir scheißegal! Ich stehe auf, wenn ich nicht mehr müde bin!

- Jeden Morgen muss Herrchen zur Arbeit. Knochen verdienen. Ich nicht! Ich hab' ja Herrchen!
- Ihr baut Kirchen. Und glaubt an Gott! Ich glaube nur an das, was ich sehen oder riechen kann, z. B. Kühlschränke oder Leberwurst!
- Ihr braucht immer Zettel und Bleistift, um eine Nachricht zu hinterlassen. Mühsam! Ich habe meine kleine Blase immer dabei – damit schreibe ich auf Rasen oder Pflastersteinen.

Aber auf eine Erfindung könnt ihr Menschen stolz sein: auf den Hundefutter-Dosenöffner!

Hundstage: 10 Dinge, die ich cool finde

Herrchen ist irgendwie komisch. Irgendwann hat er entdeckt, dass ich schwimmen kann. Seitdem wirft er ständig kleine Holzknochen in die Hamburger Alster …

Logisch hole ich sie ihm immer wieder raus. Ich bin fast ein Seehund und kraule mit den Pfoten wie Franzi. Aber warum macht er das gleich 20-mal hintereinander? Und jedes Mal, wenn ich wieder wedelnd vor ihm stehe, sagt er: »Brav, meine kleine Maus.« Und wirft ihn wieder rein. Aber ich mache es ihm zuliebe. Ich glaube, es macht ihm Spaß, den Stock ins Wasser zu werfen …

★★★

Englische Hunde haben es besser. Dort gibt's sogar beheizte Swimmingpools (20 Grad) extra für uns. Für 15 Mark dürfen wir da 1 Stunde schwimmen. Weil Tierärzte herausgefunden haben, dass Schwimmen gut ist gegen Hüft-Dysplasie (Fehlentwicklung). Beim Schwimmen werden nämlich die Muskeln trainiert – ohne die Gelenke und Knochen zu belasten. Bei mir natürlich alles Quatsch! Ich bin ein gesunder Mischling und kein rassiger Kranker.

★★★

Hitze ist übel! Hier meine Hitliste, was ich jetzt am liebsten mag:

1. Ins kühle Wasser springen (modriger Teich, salziges Meer, ungern in den strömenden Fluss).

2. Runterplumpsende Eiskugeln (Banane, Vanille, Schoko mag ich nicht).

3. Durchsichtige Knochen (Eiswürfel lutschen).

4. Die Nase in den Wind halten, wenn ich auf Herrchens Schoß Auto fahre.

5. In den Kreuzungen der Türen liegen, weil der Wind so schön über den Boden weht.

6. Kalte Wurst aus dem Eisschrank.

7. Morgens länger schlafen, weil ich ein »Siesta-Gen« hab'.
8. Die Mini-Röcke von Frauen, weil ich hoch springen und die Haut zärtlich kratzen kann.
9. Die schwarzen durchsichtigen Löcher unter Bäumen und neben Häusern (Schatten).
10. Restaurants mit Hundebar zum Wasserschlecken.
Ach, eigentlich geht's mir schon gut bei den Zweibeinern.

Rudel-Party: Wenn's Würstl vom Himmel regnet ...

Ich habe den größten Sandkasten der Welt entdeckt – eine windige Insel namens Sylt.

- Riesige Berge aus Sand zum Rauf- und Runterlaufen.
- Tiefe Mulden und hohe Burgen zum Vergraben: Knochen, Äste, stinkende Fische und Kleinkram.
- Viele tolle Rassehunde mit ihren Knochen-Millionären.

Aber das Brutzelndste: Vom Himmel regnet es Würstl, Steaks, Nudelsalat, Fleischbällchen, und, und, und ... Mir geht's so gut, dass mir ganz schlecht ist.
Ich werde immer dicker – wie mein Herrchen. Denn fast jeden Abend muss ich mit ihm zu einer »Party«. Das ist so eine Art Rudeltreff, wo die Zweibeiner aus durchsichtigen Näpfen schlabbern und bei grässlichem Lärm zuckend nach ihren Stöckchen suchen.
Ich bin dann eine Art Seelentröster. Wildfremde Pfoten streicheln mich. Von den Tischen plumpst das Paradies, und ich fresse alles, was mir schmeckt ...
Auf Rudeltreffs kann man beobachten, wie dumm die Menschen sind.

- **Bin ich blind?**

Falsch! Ich sehe alles, wenn's sich bewegt. Bis auf 10 Meter sehe ich glasklar. Bei der Dämmerung ist's schwieriger. Ich verwechsle manchmal Herrchen, weil andere Zweibeiner auch einen langen Strick um den Hals haben.

- **Bin ich taub?**

Falsch! Ich höre 20-mal besser als Menschen. Ich habe ein Raster-Gedächtnis, mit dem ich jedes Geräusch von Herrchen erkenne (z. B. sein Auto). Und Disco-Musik schockt mich nicht. Denn ich kann im inneren Ohr einen Hebel schalten, der jeden erhöhten Schallpegel ausblockt.

- **Fress' ich jedes verbratene Fleisch, das man mir vorwirft?**

Nein! Ich habe eine Geschmacks-Bibliothek, die alle Gerüche meines Lebens gespeichert hat. Obwohl ich

sehr neugierig bin, weiß ich genau, was mir nicht schmeckt.

★★★

Bei Sonnenaufgang, um 6 Uhr früh, als Herrchen noch tanzte und lallte, riss ich hinter den Dünen mein Maul auf ... Ich hab' alles sauber verbuddelt. Herrchen hat nichts gemerkt. Wir sind dann frühstücken gefahren: Nein, nicht schon wieder Würstchen ...! Herrchen grinste.

Warum wir Hunde bellen ...

Die 3 liebsten Dinge in meinem Leben sind:
1. Spielen. 2. Fressen. 3. Mich streicheln lassen.
Denn ich will nie erwachsen werden! Ich bleib' ewig ein Kindskopf.
Ihr Menschen müsst wissen: Als ihr uns in der Knochen-Steinzeit domestiziert habt (verhäuslicht), habt ihr unser Erwachsenwerden gestoppt.
● Unser Bellen ist z. B. in der Entwicklung stecken geblieben (ein genetischer Unfall).
Hunde-Forscher wissen: Bellen ist ein akustischer Mix zwischen Winseln und Knurren. Wir Hunde bellen viel, aber selten miteinander.
Weil ihr Menschen uns zu ewigen Kindern gemacht habt, benutzen wir das Bellen wie eine Hupe: Bei Gefahr! Bei Hunger! Bei Angst! Sogar bei Langeweile. Und bei Freude, wenn Herrchen abends heimkommt. Ich bell' so laut, dass in unserem Mietshaus schon alle sauer sind.
Aber alle sollen doch wissen, wie lieb ich Herrchen hab' ...

★★★

Viele Hunde schreiben mir ganz lieb. Viele schicken Fotos. Viele sind fast wie Doppelgänger von mir. Und weil wir Mischlinge zusammenhalten müssen, wollen wir – Herrchen und ich – ein Ruby-Doppelgänger- und Fan-Album zusammenstellen. Denn wir Hunde sind mit 6 Millionen Einwohnern die größte Minderheit Deutschlands (aber kämen wir Hunde in den Bundestag, hätten wir mehr Stimmen als die FDP).

★★★

Herrchen hätt' mich fast verhauen, weil ich ihn so lieb hab'. 2 Tage war er plötzlich weg und hat mir nicht Bescheid gesagt. Ich hab' ihn überall gesucht: Im Bett! Im Fernseh-Sessel! Hinterm Kühlschrank! Im »stinkenden« Bad, wo's immer regnet! In der Eckkneipe, wo er seine Näpfe zapft! Nichts!

Nach Mitternacht kam ich mit Frauchen heim. Plötzlich flüstert sie: »Such Herrchen!« Mein Mensch hatte sich irgendwo versteckt. Ich rase die 106 Stufen hoch (3. Stock). Ich rieche seinen Bier-Schweiß mit Aftershave. Da, seine Jeans! Dort, seine Slipper. Und was erhebt sich da wie ein Hügel in seinem Bettchen?

Herrchen nackt! Wie eine Rakete hupf ich ihm ins Gesicht, kratz' ihn mit meinen Pfoten seinen dicken Bauch und schleck' ihn ab wie ein lebensgroßes Magnum-Eis!

Aber: Er schrie! Ein Albtraum? Ich bin's doch nur, sein Monsterchen ... Plötzlich streichelt er mich. Zur Belohnung darf ich neben ihm schlafen. Er hat dann geschnarcht, und ich hab' ihn bewacht bis zum Morgen.

Warum Hunde-Männer keine Grapscher sind ...

Hund sei Dank! Der Sommer ist zu Ende! Ich kann meine Hechel-Zunge endlich wieder einrollen. Der Herbst kommt. Die beste Zeit für uns Hunde. Warum?

1. Der Wind schüttelt für mich Spiel-Stöckchen von den Bäumen.

2. Endlich hat mein Park in der Stadt wieder einen richtigen Sinn. Im Sommer lagen überall nutzlos nackte 2-Beiner rum. Kein Platz für Ruby and friends.

3. Das Hunde-Verbot am Ostsee-Strand ist aufgehoben (oder zumindest kontrolliert niemand mehr!) Aber so etwas Dummes: Jetzt, wo das Meer wieder kalt wird, da darf ich an den Strand.

4. Endlich kann ich mit meinem kleinen schwarzen Pelz wieder in Frauchens rollender Blechbüchse mitfahren – ohne Hitzschlag. Den ganzen Sommer hing ich, wie ein süchtiger Junkie, vor der Lüftung!

Aber: Der Herbst hat auch etwas Negatives! Die Hunde-Machos sind wieder unterwegs (wg. reichlich läufiger Hündinnen!).

Apropos Hündinnen! Ihr Menschen veranstaltet eine Welt-Frauen-Konferenz?

Brauchen wir auch eine Welt-Hündinnen-Konferenz?

Blödsinn! Also, mit diesen Herbst-Machos werde ich locker fertig. Außerdem sind wir Hündinnen viel bodenständiger als jede Frau! Grund: Wir stehen mit 4 Pfoten auf dem Boden und nicht nur mit 2.

Heiraten? Wir Hündinnen tun das nie! Wie sollte ich auch einen Ehering an meinem Pfötchen tragen?

Kleine Rubys? Wo ist das Problem? Zweibeiner müssen ihre Babys über

ein Jahr lang mühsam durch die Gegend schieben. Unsere Hunde-Babys können nach 3 Wochen laufen.

Und Hunde-Männer sind auch keine Grapscher – sie haben ja gar keine Hände …

P. S.: Ich durfte übrigens nicht mit Herrchen im Zug nach Bayern fahren. Ich glaube, er wollte mal allein sein.

Rubys große Doppelgänger-Aktion

ich glaub' es gar nicht … Ich dachte immer, ich sei einmalig.

Falsch!

Auf den nächsten Seiten könnt ihr sehen, wie viele Doppelgänger ich habe. Große und kleine. Mädchen und Jungs. Und die meisten tragen, genau wie ich, ein rotes Halstuch. Süß! Am liebsten würde ich alle zu einer großen Ruby-Party einladen.

Herrchen hat mir versprochen, ich darf den schönsten Doppelgänger aussuchen. Und der darf mich besuchen.

Eine schwierige Aufgabe:

Schauen wir mal.

Da ist Nummer 1: »Pico«. Er liegt ganz weit vom. Herrchen meint, er hätte genauso süße Punkte überm Auge wie ich.

Aber da ist auch Nummer 3: der männliche »Rocky«. Er soll auch ein Leberwurst-Fan sein.

Und Nummer 8: In diesen Blick von Mischling »Winny« habe ich mich sofort verliebt.

Oder ist es Nummer 15 – »Tinca«, die auch so riesige Batman-Ohren hat wie ich?

Ich kann mich nicht entscheiden. Für wen soll ich mein »Wau« abgeben? Ich finde alle süß.

Und wir Mischlinge wissen doch: Eigentlich geht es gar nicht ums Aussehen. Die manchmal besonders hübschen Reinrassigen sind oft die blödesten, lahmsten und meistens arrogantesten Schnösel. Wir Mischlinge sind manchmal außen »pfui«, aber innen »hui«. Unsere Herzen sind so groß wie Bergwerke. Unsere Köpfe so schlau wie Einstein. Und unsere Gesundheit ist so zäh wie Pansen.

Und Herrchen verlangt von mir, dass ich mich nur nach Fotos entscheiden muss. Gemein!

PS: Kleines Geheimnis. Mein rotes Tuch trage ich nur, wenn ich Fotomodell bin. Privat gehe ich immer leger, immer ohne Tuch.

★★★

Von »Pico« bis »Odin«

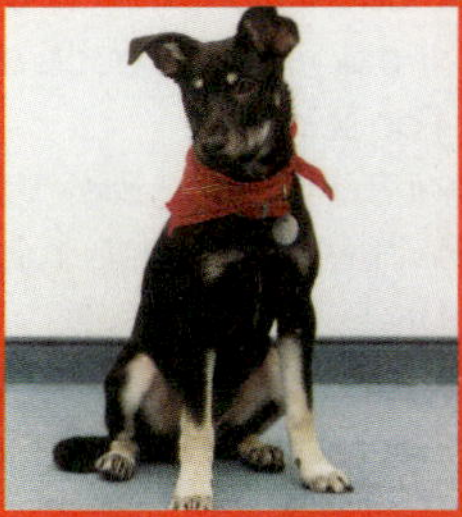

Ruby – das Original. Silvester '93/'94 traf ich mein Herrchen. Ich war 8 Wochen alt. Ich werd' ihn nie wieder verlassen

1. Ich bin »Pico«. Und finde, Ich seh' genauso aus wie du. Ich habe auch kleine weiße Punkte über den Augen, weißgestiefelte Füßchen

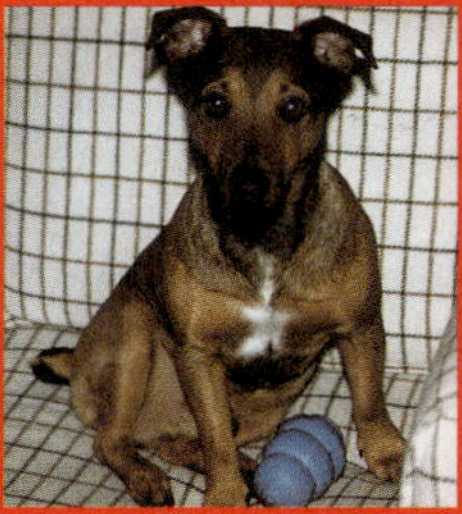

2. Ich bin der »Arthor« und schon fast 5 Jahre alt. Mein Fell ist zwar braun und nicht schwarz wie deins. Trotzdem: Ich finde, wir haben Ähnlichkeit, wir beide

3. Ich bin »Rocky«. 4 Jahre alt. Männlich! Sportlich! Und: Ich weiß genau wie du, wo Herrchen die Leberwurst aufbewahrt

4. Ich bin die »Lieselotte« aus Antwerpen. 3 Jahre alt und auch ein Jack-Russel-Mix mit einem Hauch von Dobermann

5. Ich heiße »Benny«. Ich bin $2^1/_2$ Jahre alt, 50 cm hoch und 11 Kilo schwer. Ich bell' dir alles Gute für die Zukunft, kleine Ruby …

6. Mein Name ist »Tessa«. Ich bin $2^1/_2$ und lebe in Hessen. Auf einer Mischlings-Schau habe ich von 60 Hunden den 1. Platz belegt

7. Ich bin »Odin«. Erst 15 Monate alt, aber niemand weiß es genau. Ich wohne in Rotenburg an der Wümme

8. Ich heiße »Winny« und bin ein edler spanischer »Strand-Mix«. Ich wäre doch was für dich, Ruby. Oder?

9. Hey! Ich bin »Benny«. Gerade mal 1 Jahr alt. Und wohne in Wünnenberg. Ich würde dich, Ruby, zu gern mal beschnuppern!

10. Guck mal! Ich bin die kleine »Cindy«. Schon 3 Jahre alt. Habe schönes schwarzes Fell und große Batman-Ohren wie du ...

11. Na, gefalle ich dir? Ich bin »Mäxchen«, 3 Jahre alt. Ich finde, ich wäre der ideale Mann für dich ...

12. Ich heiße »Sandy«. Bin 16 Monate alt. Ob wir verwandt sind? Ich komme auch aus dem Tierheim – wie du

13. Ich bin »Tessy« und 1 Jahr alt. Ich war auch mal im Tierheim, so wie du. Aber ich hab' jetzt ein tolles Zuhause gefunden

14. Ich bin »Billy« und 10 Jahre alt. Meine Ohren sind riesig. Ich hab' genauso süße Knopfaugen wie du

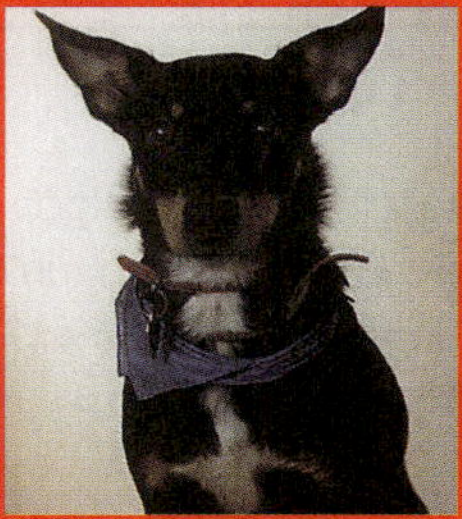

15. Mein Name ist »Tinca«. Ich finde, ich bin genau so süß wie du. Ich bin schon 3 1/2. Auch mich hat man als Baby ausgesetzt

Von »Tina« bis »Rolly«

Ich saß an der Ostsee vor meinem Lieblings-Fischladen und guckte Herrchen in den kauenden Seezungen-Mund …

Plötzlich ein Schrei: »Guck doch! Ein Ruby! Ein echter Doppelgänger. Der sieht tatsächlich aus wie der Bild-Ruby …«

Ich habe so getan, als höre ich nichts. Als Promi muss man cool bleiben. Aber Frauchen hat mich verraten: »Das ist kein Doppelgänger! Das ist die echte Ruby! Die ganz echte … «

Aber wer soll mir glauben? Ich habe keinen Ausweis. Und es gibt wirklich tolle Ruby-Doubles.

Erst auf den Ruf: »Ruby, komm!« haben mir alle geglaubt, dass ich's bin …

Die nette Frau juchzte: »Da muss das Herrchen ja ganz reich sein, mit so einem berühmten Hund!« Herrchen hat sich gefreut und gelächelt. Er hat's ja nicht leicht. Mich kennen alle, aber ihn kennt keiner.

★★★

Ich bin verzweifelt! Alle Doppelgänger sind supersüß! Was soll ich tun? Am liebsten würde ich alle zur großen Ruby-Party einladen …

16. Ich heiße »Tina« , bin 5 1/2 und ein Schäfer-Schnauzer-Mix. Ich hab' besonders große und steile Hasenohren und ganz liebe braune Augen wie du

17. Ich heiße »Cora«, bin 2 1/2, sehe verdammt gut aus und wohne in einer chaotischen Familie. Frauchen nascht, Herrchen raucht wie ein Schornstein

18. Ich heiße »Assi«, der Rüde aus Essen. Ich bin eine Mischung aus Dackel und Pinscher. Ich bin 10 Jahre alt, verschmust, aber sehr wachsam

19. Ich heiße »Rolly« und bin 1 Jahr alt. Jetzt muss ich auch wie du ein Nicki-Tuch tragen. Mein bester Freund ist der Kater »Teufel«, wir teilen uns das Sofa

20. Ich heiße »Charly«. Bin 2 Jahre. Unser Menschen-Baby Anna ist leider noch zu klein zum Rumtoben. Aber ich bewache den Kinderwagen

21. Ich heiße »Tina«, lebe als Mischling (1 1/2) in Schwäbisch Gmünd. Mein Spitzname ist »Krümmel«. Ich liebe Wasserpfützen und Schlamm

22. Ich bin eine Hundedame von 1 1/2 Jahren und heiße »Wendy«. Ich habe besonders große Batman-Ohren. Ich spiele gern mit Bällen und laufe gern Gassi

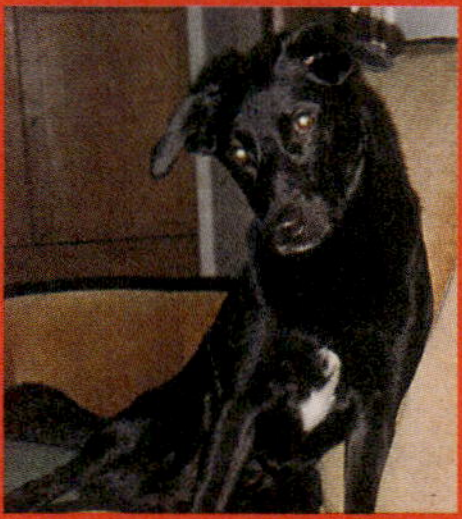

23. Ich heiße »Teddy« und lebe in Remscheid. Ich bin ein liebes Kerlchen und schmatze dir einen großen Hundekuss auf die Schnauze

24. Ich heiße »Ranja« und bin 1 Jahr alt. Mein Herrchen nennt mich sogar ab und zu »Ruby«. Dann flipp ich immer total aus und geh' fröhlich mit ihm Gassi

25. Ich bin »Ronja« und 1 Jahr alt – ein Windhund-Dackel-Mischling aus Spanien. Meine Elterchen sind große Ruby-Fans – wie ich

26. Ich heiße »Cindy« und bin stolze 3 Jahre alt und belle in Bochem. Ich darf sogar beim Essen mit am Tisch sitzen – auf meinem eigenen Stuhl

27. Ich heiße »Moritz«. Frauchen liest mir immer Ruby vor. Ich bin 2 Jahre und 4 Monate alt. Könnte es sein, dass wir denselben Vater haben?

»Rolly«
Ich heiße Rolly, bin 1 Jahr alt und wohne in Gera. Als ich Ruby in BILDWOCHE sah, bin ich ein bisschen eifersüchtig geworden

»Pico«
Ich bin Pico und komme aus Hamburg. Der Besitzer sollte sich schnell bei BILDWOCHE melden, denn auf dem Brief fehlt die genaue Anschrift

Wer wird Ruby '95?

Wahnsinn! Eigentlich wollten meine Chefs von Bild-WOCHE schon vorige Woche Schluss machen mit der großen Doppelgänger-Aktion. Aber ich habe mich stark gemacht: Es gab noch so viele Super-Doppelgänger von mir, die solltet ihr auch noch sehen!

★★★

Ich bin verzweifelt. Ich würde so gern eine Riesen-Knochen-Party mit Pansen-Auflauf und Schlund-Plätzchen für euch alle veranstalten. Aber ich muss mich entscheiden. Ich verspreche euch, ich ziehe mich eine Woche aufs Land zurück und schnupper' noch mal alle Bilder durch …

Diese drei sind meine Sieger

Meine Pfote wühlt seit 3 Wochen zärtlich in dem riesigen Haufen von Doppelgänger-Fotos …
Mein kleines Hirn dampft. Bei jedem Hündchen belle ich mir die Frage:

»Tinca«
Ich heiße Tinca und wohne in Ibbenbüren. Ich bin schon 3½ Jahre alt und wurde ausgesetzt, als ich noch ganz klein war

»Was ist schön? Sind Ringelschwänze schön? Oder Batman-Öhrchen, groß wie bei Fozzy-Bär? Oder sind brünette Felle streicheliger als seidenschwarze?«
Die Wahrheit liegt im Verborgenen. Herrchen z. B. liebt Blondinen – wie Claudia Schiffer oder Golden Retriever. Aber Frauchen hat lange schwarze Haare wie Black Beauty, und ich bin so schwarz wie Mandela. Pfote aufs Herz: Wahre Schönheit steckt nur im Herzen! Deshalb ist jeder Hund mit einem großen pochenden Herz auch ein Ruby-Doppelgänger! Es gibt also eigentlich 1000 Sieger!
Aber mein Bild-WOCHE-Chefredakteur bat mich auf seine weiße Couch, blickte mir streng in die Augen und knurrte: »Kleine Ruby! Bell dir endlich deine Meinung – und dann ist Schluss!«
Ich jaulte ihm was vor von journalistischer Sorgfaltspflicht, aber er lächelte nur ... Ich zog mein Schwänzchen ein und trottete zu der schwersten Entscheidung meines kurzen Lebens.
Plötzlich klingelte eine Knochen-Zelle in meinem Hirn: Ich mach's wie Herrchen! Der kann sich auch nie entscheiden. Auf der Speisekarte rätselt er so lange, bis mein Magen knurrt, und dann frisst er dreimal (Vor-Napf, Haupt-Napf und Dessert-Napf).
Mein Geistesblitz: Es gibt 3 Doppel-Rubys.
Es sind »Tinca« aus Ibbenbüren, »Rolly« aus Gera und »Pico« aus Hamburg.
Stolz guck' ich Frauchen an, aber plötzlich knurrt sie: »Auf dem Foto von Pico steht ja gar keine Adresse!« Ein Sieger ohne Hundemarke, ohne Heimat, ohne Telefonnummer, ohne Herrchen!?
Ich belle dir zu: Bitte melde dich bei mir.

Mir wächst ein Winter-Pelz

Es begann mit einem Zucken. Herrchen streichelte mich zärtlich und stockte: In seiner Pfote klebten meine seidigen Haare. Auch auf seinem Jackett, auf dem Sofa …

Werde ich nackt?

Ich verliere meinen Sommer-Pelz, damit ich einen dicken Winter-Nerz kriege. Aber alle sind sauer …

Nur Frauchen hat's begriffen. Sie bürstet mich jetzt 2x täglich wie eine Prinzessin. Ich glänze wie eine Robbe. Jeden Tag muss ich jetzt Auto fahren (was ich nicht liebe). Aber Frauchen rast jeden Morgen zu unserer kleinen Bauernhütte am Meer! In 2 Monaten ziehen wir drei ein – es ist himmlisch. Überall stinkt's. Riesenhunde mit Hörnern muhen (Kühe), ich springe platschend durch die Pfützen. Ich markiere jeden Tag meine Bäume und inspiziere mein Haus, indem ich zwischen den Beinen der Handwerker durchwiesele. Ich werde eine glückliche Land-Lady, obwohl es ein bisschen einsam ist. Es gibt keine Wiese, auf der sich hundert Hunde pro Tag treffen. Dafür gibt es aber große Schweine, die lustig grunzen, und einen schönen Biergarten für Herrchen, wo immer Würstl vom Tisch fallen …

Ich habe Herrchen dressiert! Er wehrt sich noch ein bisschen, aber dem Streicheln meiner Pfote kann er sich nicht entwinden. Beim Essen beobachte ich ihn von unten durch den Glastisch und gucke wie ein leidender Lazarus (er weiß ja nicht, dass mich Frauchen schon gefüttert hat). Wenn er sich den dritten Napf aus dem Nudeltopf holt, kommt meine Chance! Frauchen knurrt: »Du wirst zu dick!« Ich tapse mit meiner Pfote zärtlich auf Herrchens Bein – so, wie das nur Freunde tun. Nach 5 Minuten hat er ein schlechtes Gewissen und jongliert mir die erste Nudel in den Rachen. Nach 10 Minuten kapituliert er und schüttet die kalten Rest-Nudeln in meinen Napf.

Herrchen gefällt mir auch viel besser, wenn er etwas dünner wird.

★ ★ ★

Ich habe mich nach Qualen entschieden, wer Super-Sieger meiner Doppelgänger wird: Es ist »Pico« aus Hamburg (sein Spitzname: »Ohrwaschelklatscher«). Leider hast du deine Telefonnummer nicht aufgeschrieben. Bitte belle mich an!

★ ★ ★

Hilfe! Ich habe in zwei lebende Spiegel geschaut. Ich traf zwei meiner Doppelgänger.

Es war Liebe auf den ersten Wedel: Das Original Ruby (natürlich mit rotem Halstuch) und ihr neuer Lover Pico (2). Er ist allerdings doppelt so groß ...

★★★

Der eine war ein Mann: »**Pico**«! (Ich mag Männer, die sich wie Männer benehmen – stark und kindisch!) Pico ist so ein Mann.

Wie David und Goliath rasten wir durch seinen Garten (mit Teichen). Pico wiegt doppelt so viel wie ich. Er hat einen Schwarzenegger-Body. Kein Gramm Fett.

Er ist doppelt so groß wie ich. Und lebt in einer feinen Villen-Gegend am Stadtrand von Hamburg. Und Picos Schicksal ist genauso traurig wie meines: Man hat ihn als Baby in eine Mülltonne in einer russischen Kaserne in Brandenburg geschmissen!

Wir waren zusammen baden. Wir haben zusammen auf seiner Terrasse gelegen. Er hat extra frisches Rindfleisch für mich kommen lassen. Ich weiß noch nicht, was Liebe ist ... aber irgendetwas ist passiert mit Pico und mir.

Ich könnte mir vorstellen, mit ihm ins Körbchen zu gehen ...

★★★

Der zweite Doppelgänger war eine Frau: »**Rolly**«!

Erst 1 Jahr alt, aber mindestens für 10 Jahre frech. Ich bin mit Frauchen

Frauen unter sich, da gab's Stress: Ruby (2) und Rolly (1). Erst knurrte Hündin Rolly, als Ruby sie in Gera (Thüringen) besuchte. Kein Problem: Sie ist doppelt so klein ...

fast 600 Kilometer durch Deutschland nach Gera gefahren (dabei hasse ich doch Autofahren!). Als wir nach über 6 Stunden ankamen, hat mich Rolly (dumme Zicke!) angeknurrt. Ja, sie wollte mich fast beißen. Sie ist eine Hündin von der Art, die immer gleich wegen nichts in Aufregung geraten. Zu ihrer Entschuldigung muss ich sagen, dass ich über ihren Gartenzaun geschaut hatte. Und das fand sie gar nicht witzig.

Mit Rolly fühlte ich mich wieder wie bei David und Goliath. Aber diesmal war ich der Goliath. Rolly ist nur halb so hoch wie ich ...

Später war sie sehr nett zu mir. Wir haben uns wie Serben und Kroaten zum Friedensgespräch auf neutralem Boden (Nachbars Garten) getroffen. Ich finde Rolly auch süß – aber sie ist eben eine Frau ...!

Übrigens: Wenn ich all das getan hätte, was Herrchen mir jeden Samstag in der großen Bild nachsagt, dann würde ich jetzt aus einem Labor-Schauglas der Harvard-Universität zu Ihnen sprechen ...

Ich glaube, ich erzähle bald die ganze Wahrheit über ihn!

Warum ich Herrchen so lieb hab'!

Muss ich eigentlich traurig sein, weil ich nicht steinalt werde?

Warum können Bäume älter als 8000 Jahre werden?

Warum wird Herrchen vielleicht über 100?

Und ich?

Wieso darf ich als Hund nicht so lange leben?

Egal: Eintagsfliegen sind noch schlimmer dran!

Das Problem: Eines Tages wird Herrchen ohne mich weiterleben müssen. Dabei hab' ich ihn so lieb. Ich weiß gar nicht, wie er es allein schaffen soll.

Ich bin doch sein Schatten! Sein Bo-

dyguard! Sein Trimmlehrer! Sein Ernährungs-Berater!

- Wie soll er zum Beispiel morgens wach werden ohne mein Schlecken!
- Er wird nicht mehr rausgehen ohne mich. Keine Spaziergänge mehr (o Gott, er wird ein fetter alter Mann werden!). Herrchen wird ein neues Hobby haben: Niemals mehr zu Fuß gehen.
- Es wird niemanden geben, der ihm bei der Leberwurst, dem Spaghetti-Teller hilft. O nein! Noch dicker.
- Jetzt – immer samstags –, wenn er im Bett bleiben will, zieh' ich ihm die Decke weg. Und er kommt mit mir in die Natur. Ohne mich wird er vergessen, wie Wiesen und Meer überhaupt riechen.

Mein Trick: Ich werde Herrchen jetzt noch eine Stunde früher wecken als sonst. Ich habe mir nämlich ausgerechnet, dass ich noch ungefähr 13 Jahre zu leben habe. Das macht pro Jahr 365 Stunden mehr. Das sind insgesamt 4745 Stunden. Also fast 198 Tage, die ich mehr mit Herrchen hätte ...

PS: Seit der Doppelgänger-Aktion krieg' ich immer mehr liebe Fanpost, z. B. von Luzie Henseler. Sie hat mich und ihren Hund **Bonni** gezeichnet. Ich werde das Bild über meinem Körbchen aufhängen!

Meine 10 Gebote

Herrchen ist katholisch. Frauchen evangelisch. Und ich?
Habe ich auch einen Gott?
Ja! Ich glaube auch an einen alten »lieben Hund« im Himmel.
Meine Lebensaufgabe ist, Herrchen und Frauchen zu erziehen. Es ist aber sehr schwer, weil Herrchen und Frauchen mein Bellen nicht verstehen. Als christlicher Hund habe ich auch meine 10 Gebote:

- Herrchen und Frauchen sollen mich lieb haben.
- Du sollst den Namen »Ruby« nie missbrauchen.
- Du sollst keine anderen »Rubys« neben mir haben.
- Merke: Stiehl nie vom Tisch, Herrchen gibt's dir eh gleich.
- Sei treu und schlafe nie in fremden Körbchen.

- Beiße Herrchen nie zu fest ins Pfötchen.
- Schlecke Herrchen nie durchs Gesicht, wenn er Fernsehen guckt.
- Trinke nie aus seinem Biernapf.
- Schleppe Herrchen nie zu lange an der Leine durch die Stadt.
- Mache nie auf fremde Rasen (ganz selten).

Übrigens: Zuerst (am 5. Tag) schuf Gott uns Tiere, und erst dann (am 6. Tag) euch Menschen! Wir waren also vor euch da!

★ ★ ★

Herrchen hat gesagt, ich sei zu fett. Ich hätte ein Doppelkinn. Gemein! Meine Ruby-Spezial-Diät: Nur noch Leberwurst ohne Brot! Nur noch Fleisch ohne diese blöden Flocken! Und: Herrchen schon um 6 Uhr wecken (normalerweise erst um 7 Uhr) und ihn eine Stunde länger um die Alster jagen. Hihihi!

Ich belle jetzt wie Heino!

Unsere Landhütte ist endlich bald fertig. Herrchen, Frauchen und ich ziehen in ein paar Wochen in ein großes Körbchen mit Strohdach. Ich freue mich riesig. Aber meine Batman-Ohren haben seltsame Sachen erlauscht.

Z.B. Frauchen an Herrchen: »Im neuen Haus darf Ruby aber nicht mehr auf dem Sofa liegen ...«

Oder Herrchen an Frauchen: »Wir könnten ihr dann endlich beibringen, dass sie nicht mehr im Schlafzimmer bei uns schläft ...«

Oder Frauchen an Herrchen: »Meinst du, Einbrecher haben Angst vor Ruby? Ist sie zu klein? Brauchen wir einen größeren Hu ...«

Wie bitte? Ich glaub's ja nicht ...! Die spinnen!

Ich habe mir sofort Landregeln gemacht:

1. Hinterm Scheunentor mache ich jetzt auf Rottweiler. Belle nur noch wie Heino.

2. Auf dem Land geht man früh schlafen. Ich muss vor Herrchen und Frauchen im Schlafzimmer sein. (Wetten, dass sie zu faul sind, mich wieder runterzubringen!)

3. Mit meinem Parfüm »Eau de stink« (der Misthaufen von Bauer Gosch) darf ich niemals aufs Sofa springen.

4. Ich kann endlich auf blöde Hausmeister pfeifen. Ich habe jetzt meinen eigenen – Herrchen!

5. Ich werde Schäfer-Mix »Flachs« einmal in der Woche einladen. Dann wissen Herrchen und Frauchen, wie schön meine Größe ist ...

6. Ich werde mir ein Schließfach zulegen: ein eigenes, geheimes Loch

für meine Lieblings-Knochen im Garten graben.

★★★

Werde ich eigentlich jetzt auch ein »Landrüpel« wie mein Freund »Flachs«? Will ich das überhaupt? Was wird aus meinen Freunden vom Inno-Park? Aus »Clio«, »Luc« und »Lucas«? Aus der Frau mit der Wurstscheibe vom Frühstücks-Café? Aus meinem Wochenmarkt? Aus den Keks-Schränken im Büro?
Ob ich wohl mein Brötchen-Körbchen und den einäugigen Teddy mitnehmen darf?
Ich werde sicher jetzt ganz raue, hässliche Pfoten bekommen vom Kopfsteinpflaster. Meine schönen langen Fußnägel werde ich mir auf dem Land ablaufen.
Worüber bellt man überhaupt auf dem Land …? Gibt's da überhaupt Partys?

Ich werde ein Land-Mops!

Ein altes Sprichwort sagt: »Die größte Liebe ist die einer Mutter. Dann folgt die eines Hundes. Und erst dann die einer Geliebten …«
Da kann ich nur zubellen!
Ob Herrchen das wohl weiß …? Muss ich Herrchen diese Wahrheit über Frauchen sagen …?

★★★

Zurzeit meine wichtigste Frage. »Kann aus einer Stadt-Lady wie mir eine Land-Frau werden?«
Ich habe lange nachgedacht. Ja, es funktioniert!
… **weil** ich einen besonders hohen Hu-IQ (Hunde-Intelligenzquotienten) habe und schnell lerne, z. B.: plattdeutsch bellen »moin, moin«!
… **weil** ich viel mehr Chancen auf dem Land habe. Die Land-Rüpel denken, mein schwarzes glänzendes Fell sei eine Art Disco-Dress. Ich werde sie so zum Wedeln bringen, dass sie völlig verrückt werden.
… **auf** dem Land ist die Leberwurst gröber. Herrchen hasst das! Ich liebe es! Denn so bekomme ich mehr!
… **auf** dem Land ist Schluss mit Diät! Hier sind alle etwas mopsiger!
… **ich** wohne dichter bei meinem Freund »Flachs«. Er kann mich täglich besuchen.
… **und** 2000 Meter von meinem Körbchen entfernt wohnen Adlige auf einem großen Gut. Das Herrchen dort trägt natürlich Siegelring. Ob die Hunde Siegel-Halsbänder tragen …?

★★★

Frauchen faselt immer etwas von Ballaststoffen und streut dabei ekel-

hafte Hundeflocken in meinen Napf. Ich hasse diese Öko-Nummer. Ich glaube, ich bin jetzt schon ein bisschen Bauer: »Was der Hund nicht kennt, das frisst er nicht ...«
Und Flocken möchte ich gar nicht erst kennen lernen. Ich bin eben ein Fleischotarier ...
Meine »Los Wochos« (zzt. bei McDonald's) bestehen aus: Fleisch, Pansen, Leberwurst und Kalbsschwanz ...

Wenn ich Kanzler von Deutschland wär' ...

Niemand weiß genau wann, aber ich ausgesetztes Findelkind habe im November Geburtstag! Frauchen und ich haben entschieden: Ich bin ein »Schütze« (sind unkomplizierter als »Skorpione«)!
Ich bin damit jetzt 2 Hunde-Jahre alt. Ihr Menschen rechnet das in 14 Menschen-Jahre um.

14 Jahre – was heißt das?

Das heißt, ich bin jetzt strafrechtlich verantwortlich für mich selbst (§ 10 STGB).
Ich bin jetzt kein Hündchen mehr, sondern ein Hund!

Aber was für Vorteile bringt mir das?

1. Nachtarbeit zwischen 20 und 6 Uhr ist für mich verboten! Herrchen muss mich also immer erst fragen, wenn er mit mir ein Bier trinken gehen will!

2. Ich darf noch keine Zigaretten kaufen! Es sollte auch keiner in meiner Nähe welche rauchen.

3. Juristisch bin ich eine eigenverantwortliche Person. Wenn Frauchen und Herrchen nicht mehr in einem Körbchen schlafen sollten, darf ich selbst entscheiden, bei wem ich einsteige (bitte nie!).

Aber wählen darf ich noch nicht! Erst ab 18 Menschen-Jahren, d.h. für mich in 7 Hunde-Monaten.
Wen aber soll ich dann wählen?
Den armen Rudolf Scharping vielleicht? Nein, der hat 2 Katzen (»Katze« und »Kater«) – und jetzt ja Lafontaine als Chef.
Kanzler Helmut Kohl? Er hat mich schon mal gekrault, aber er ist Aquarianer, steht also auf Fische. Das sind für mich schwimmende Würstchen ...

Oder Joschka Fischer! Der hat einen Mischling mit dem Namen »Dagobert«. Nicht schlecht. Und er ist wie ich für Tempolimit (ich zittere doch immer ab 130 km/h).
Oder sollte ich selbst kandidieren? Ich würde das Haushaltsloch mit Knochen stopfen und zubuddeln! Arbeitslos wäre in meinem Hundeland niemand, denn wir schlafen doch alle so gern! Und Umwelt-Probleme hätten wir auch nicht. Wir bräuchten keinen Kunstdünger mehr, das übernähme ich mit meinen Freunden …

Ich verrate euch meine Hundesprache …

Ich liebe Herrchen mehr als jeden anderen Mann, den ich jemals getroffen habe …
Warum?
Ganz einfach: Er ist der einzige Zweibeiner, der mich sofort versteht. Anders gewufft: Mein Sklave tut immer das, was ich will!
Will ich ein Stück von seinem Leberwurst-Brot, so lege ich meine Pfote auf seine Pfote.
Ergebnis: Herrchen weiß Bescheid und teilt brav (wie sich das gehört!).
Will ich raus und »Bächlein machen«, aber Herrchen schläft tief und gemütlich im warmen Bett – mein Trick: Ich fliege in sein Bett und kämme mit meinen scharfen Krallen sein Haar.
Ergebnis: Er weiß sofort Bescheid (ruft: Autsch!) und steht auf.
Will ich, dass er auf der Autobahn langsamer fährt – nicht schwierig: Ich spring' vom Sitz in den Fußraum und setz' meinen »Lady-Di-mir-ist-übel-Blick« auf. Sollte Herrchen den Fuß immer noch auf dem Gas haben, so arbeite ich mit meiner berühmten Zitter-Taktik weiter: Ich schüttle mich wie Espenlaub! Wetten, dass … Herrchen sofort langsam wird?
Das war die Hunde-Menschen-Sprache.

★ ★ ★

Jetzt verrat' ich euch meine Hunde-Sprache.

- **Wiederholtes schnelles Bellen in mittlerer Tonlage bedeutet:** »Trommelt das Rudel zusammen! Ein Problem steht bevor.«
- **Langsames, tiefes und anhaltendes Bellen:** »Ein Eindringling wird gleich da sein. Macht euch bereit, euch zu verteidigen.«
- **Anhaltendes, unaufhörliches Gebell in mäßiger Tonlage:** »Ist da jemand? Ich bin allein und brauche Gesellschaft.« (z. B. bei Eingesperrtsein)

● **Ein- oder zweimaliges scharfes, kurzes Gebell:** »Hallo! Hab' dich vermisst.« (z. B. Begrüßung)

● **Gestottertes Bellen. Kein Wuffen, sondern Arr-Wuff-Arr-Wuff:** »Hey komm und spiel mit mir.«

● **Ein schrilles, anhaltendes, schnelles Bellen:** »Geil! Das macht Spaß.«

● **Ein kurzes Aufjaulen:** »Gemein. Aua! Du hast mir wehgetan.«

Mein Tipp, damit ihr Menschen uns besser versteht: »Die Intelligenz der Hunde« von S. Coren (39,80 DM, Rowohlt).

Die Weisheiten eines bellenden Philosophen

Wir Hunde sind kleine Philosophen.

Ihr Zweibeiner werdet jetzt sagen: »Hunde sind zufrieden, weil sie dumm sind!«

Falsch!

Wir Hunde haben zwar keine Glühbirnen erfunden. Nicht den Mond entdeckt. Keine Atomkraft-Werke gebaut.

Aber: Ich glaube, wir sind viel weiser als ihr Menschen. Wir brauchen nämlich kein Geld zum Glücklichsein!

Hier ein paar Beispiele:

● Wenn ich morgens aufwache, recke ich mich und denke: Schauen wir mal, was Frauchen gleich zum Frühstück serviert! Und dann drehe ich mich um und schlafe weiter. Frauchen und Herrchen aber springen schon hektisch auf. Stellen sich mühsam in eine Art Kunst-Regen. Und dann müssen sie auch schon los. Knochen verdienen! Saublöd!

● Wenn ich mit Herrchen im Park bin, schnüffle ich mit meinen Freunden durch die Gegend. Herrchen aber sitzt auf der Bank und liest seltsame große raschelnde Blätter. Ich glaube, er würde auch viel lieber durch die Gegend schnüffeln. Aber seine Nase ist leider taubstumm für die schönen Gerüche dieser Welt.

● Wenn ich mit Frauchen im Büro ankomme, steht da mein Zweit-Körbchen. Dort liegt mein einäugiger Teddy. Und ich entscheide dann in aller Ruhe, ob ich erst einmal »Julie«, meine Terrier-Freundin, besuche oder ob ich noch eine Runde schlafe. Was aber macht Frauchen? Sie hackt auf eine Art Buchstaben-Fernseher ein …

● Wenn ich abends nach Hause steige (106 Stufen, 3. Stock), dann steht ein köstlicher Napf mit rohem Fleisch in meiner Küchen-Ecke. Aber Frauchen und Herrchen brauchen Stunden, bis sie mit dicken Bäuchen auf dem Sofa liegen.

● Ich habe einen schwarzen Pelzmantel, und den liebe ich. Der muss nie in die teure Reinigung. Der bekommt keine Flecken. Hält ein Leben lang. Aber meine Rudelführer? Frauchen hat 100 Felle und schimpft jeden Morgen, dass sie keins hat …

PS: Um eines allerdings beneide ich euch Menschen: ums Bier! Ich würde manchmal gerne mitlachen …

Ich friere wie ein Pinguin

Alles glitzert. Wie eine weiße Kuscheldecke legt sich der Schnee aufs Land. Die Welt dreht die Heizung aus. Und ich beginne zu zittern wie ein Pinguin – obwohl der selbst Minus 80 Grad verträgt …

● Im eisigen Schlafzimmer hat Herrchen mir einen Daunen-Iglu gebaut.

● Auf dem Sofa liegt eine weiche Kuscheldecke, in die ich mich reinringeln kann.

● Im Auto darf ich in Frauchens alten Anorak, der weich ist und warm.

Ich bin kein Winter-Hund. Mein Fell ist zu kurz. Meine Haut zu weich und weiß, denn ich bin ein Anti-Eisbär (Eisbären haben weißes Fell und schwarze Haut!).

Morgens ist's dunkel, nachmittags ist's dunkel, und überall brennen flackernde Kerzen, die gräusliche Schatten werfen, fast wie Vögel. Die Scheinwerfer der Autos blenden mich. Die Zweibeiner in den Kaufhäusern sind hektisch. Und beim Gassigehen finde ich meine Lieblingsstellen im Rasen nicht mehr. Allerdings: Schnee ist auch gnädig. Nachts legt er sich wie eine Schutzschicht über meine Häufchen.

★ ★ ★

Meine Rudelführer haben beschlossen, dass ich nie Babys kriegen soll. Ich zweifle, ob das richtig ist. Allerdings:

1. Ich habe noch nicht den Rüden fürs Leben gefunden.

2. Es gibt so viele Babys auf der Hunde-Welt, dass es einem schon wehtut (Tierheime).

3. Ich kann 10 Babys (die sicher alle aussehen wie kleine Maulwürfe) nicht ernähren. Dafür bin ich zu schwach – aber weggeben könnte ich auch keins.

4. Ich bin als Single erzogen worden und eigentlich selbst noch ein großes Hunde-Kind.

5. Marilyn Monroe hatte auch keine Kinder …

Frauchen hat gesagt: Sterilisation bedeutet nur zwei kleine Schnittchen. Das tut weniger weh als Zäh-

neziehen. Ich erwache aus einem Schlaf und muss mich nie mehr um diesen geheimnisvollen sündigen Knochen kümmern, der Sex heißt (oder »Rex«?).

★★★

Ich freue mich schon auf mein zweites Weihnachten. Vielleicht krieg' ich einen schönen warmen Wintermantel?

Was schenke ich Frauchen?

In 3 Tagen ist Weihnachten. Wir feiern in unserer Bauern-Hundehütte am Meer mit einem Riesen-Öko-Baum. Und alle müssen mir was schenken ... Aber was soll ich schenken? Ich hab' ja kein Knochengeld. Ich bin ja nur ein großes Herz mit Ohren.

Für Frauchen: Sie kriegt mein zu enges buntes Halsband. Daraus kann sie sich ein Schlüsselbund machen und immer an mich denken.

Für Herrchen: Er kriegt meine zerbissene Nylon-Leine. Da kann er seine Fernbedienung dranhängen, damit er sie immer findet.

Ich versteck' die Geschenke hinter dem langen Vorhang am Fenster.

★★★

Ich habe eine neue Angst. Kerzen, Schatten und blinkende Lichter. Weil ich ein Jagdhund bin (Jack-Russell-Mischling), habe ich einen eingebauten Flucht-Instinkt. Schatten bedeuten Bedrohung. Und meine Augen sind nicht so scharf, dass ich menschliche Schatten erkenne. Unsere Wohnung ist für mich zzt. wie eine Geisterbahn. Ich versteck mich am liebsten hinterm Vorhang oder im Körbchen. Oder im Bad, weil's hier am hellsten ist und keine Kerze brennt.

★★★

Ich hatte herrchen- und frauchenfrei. Ich war eine Woche bei Schwiegermama im Sachsenwald. Frauchen war in Indien bei den ärmsten Hunden der Welt. Herrchen musste im Büro Knochen für mein Weihnachtsgeschenk verdienen. Ich hatte den ganzen Tag frei. Und Fressen vom Feinsten (bisschen viel Flocken und Trockenzeug). Aber als Dessert immer Leberwurst. Es ist erholsam ohne die Chefs. Nur nachts war es immer traurig im Körbchen: kein Herrchen-Händchen zum Schlecken. Kein Frauchen krault mich. Ich bin halt doch ein Menschen-Hund.

Sie haben zwar nur 2 Beine, aber trotzdem liebe ich sie.

Was ich alles zu Weihnachten gekriegt hab'

Ich bin groggy. Weihnachten war nur Stress: Gans hängt mir zum Schlund raus. Mein Körbchen ist voller Butterplätzchen-Brösel. Dicker Pulverschnee hatte uns so hoch eingeschneit (bis zu meinen Knien), dass ich nichts mehr riechen konnte.

Meine Weihnachts-Geschenke:

1. Ein Holzdackel auf 4 Rädern mit einem Riesen-Wedelschwanz.

2. Ein babykopfgroßer Plastik-Spielwürfel mit einem Loch, aus dem Hundekekse plumpsen, wenn ich lang genug damit spiele (recht mühsam, da bettele ich lieber bei Herrchen).

3. Der TV-Hund »Rex« als bierflaschengroßes Stofftier. Schmeckt sehr gut. Ich habe ihm schon die Augen ausgerissen, den Schwanz angeknabbert und zerre noch an der Halskette.

Herrchen war ziemlich stumm an Heiligabend. Seit einem Jahr verspricht er mir eine persönliche Hundehütte mit »Carport« (überdachte Terrasse). Ich schnüffele um die Fichte rum – nichts. Ich tapse im Schnee um unser kleines Bauernhäuschen – wieder nichts. Nach 2 Liter Glühwein hat mich Herrchen in seine großen Hände genommen und lieb gestreichelt – und dann gebeichtet: »Liebe Ruby. Ich habe in der ganzen Welt nach einer Hundehütte gesucht, aber keine gefunden. Aber unser Freund, der Schreiner, hat versprochen, dass er gleich im neuen Jahr eine zimmert. Und dann feiern wir noch mal Weihnachten ... «

★★★

Schon wieder Stress: Silvester (mein inoffizieller Geburtstag). Herrchen & ich tragen eine rote Pappnase und Frauchen einen ganz kurzen Rock. Ich habe viel Angst vor den Bomben, die die Zweibeiner immer explodieren lassen. Aber wir haben einen Stille-Pakt geschlossen (wie auf Sylt). Denn Raketen und Kracher sind gefährlich für unser Reetdach. Deshalb haben wir ganz still gefeiert. Frauchen, Herrchen & ich nahmen uns nur in die Pfoten und haben uns gekuschelt.

Frauchen versprach: »Liebes Rubylein, im neuen Jahr bekommst du vielleicht ein Brüderchen oder Schwesterchen. Oder ein kleines Menschen-Babylein, wenn Herrchen nicht wieder zu viel Glühwein trinkt ...«

10 Silvester-Vorsätze für 1996

I. Ich werde nie mehr betteln (nur wenn mein Bauch mich versklavt).
II. Ich werde Herrchens Hand nie mehr fester beißen als Frauchens Hausschuh.
III. Ich reiße keine Löcher mehr in Herrchens Zipfel (Strümpfe, Bademantel-Gürtel, Anorak-Ärmel, Krawatte).
IV. Ich laufe nicht mehr über die Straße, wenn ich Frauchen seh'.
V. Ich versuche, keine Angst mehr vor Schatten zu haben.
VI. Ich springe nur noch ganz sanft auf Schwiegermamas Sofa.
VII. Ich putze meine Pfoten vor der Haustür ab.
VIII. Ich wälze mich ganz selten in Kuhmist und totem Fisch.
IX. Ich bewache Frauchen und Herrchen, wenn sie schlafen, wie ein Löwe.
X. Ich hab' sie ganz doll lieb, bis ich sterbe.

PS: Vorsätze sind wie Würste.
Sie haben alle 2 Enden …

Meine 10 Vorsätze für 1996

Ich weiß, dass ich kein einfacher Hund bin.

Ich bin frech, sensibel, zärtlichkeitsgierig, ein »Gnurrmet« (Hunde-Feinschmecker), faul, leberwurstsüchtig und verknallt in Menschen.

Zu Silvester vor 2 Jahren habe ich Frauchen und Herrchen zum 1. Mal in meinem 6-wöchigen Waisen-Leben getroffen. Ich war so klein wie eine Faust, hatte aber schon mehr Ohren als Kopf.

Es begab sich zu Quickborn, dass sie mich Hundilein vom kalten Fußboden hoben und in ihr Herz schlossen …

Deshalb mache ich alle Silvester 10 Vorsätze, die ich nie brechen werde. Großes Knochen-Ehrenwort!

★ ★ ★

Ich weiß noch nicht, ob ich heute das letzte Mal als volle »Frau« zu euch belle. Der Arzt-Termin naht. Aber die kleinen Schnittchen an meinen Eileitern sollen mich gar nicht verändern. Ich bleibe die alte Ruby, das verspreche ich euch.

Ich wünsche allen Hunden der Welt ein jaulendes, wurstbehangenes neues Jahr.

Wir müssen unsere Frauchen und

Herrchen nur verstehen, denn sie haben ja nur 2 Beine und stehen deshalb wackelig im Leben. Sie sind unsere großen Babys, die wir ganz lieb haben müssen.

Wie werde ich ein echter Landhund?

Ich fühl' mich wie ein kleiner Eisbär. Wenn ich um 7 Uhr Herrchen wecke, stapft er mit mir vermummt vor unser Bauernhäuschen: Eine glitzernde Hermelin-Decke auf dem Strohdach, gefährliche riesige Eiszapfen und kniehoher Pulverschnee.

Ich zittere und bin ratlos wie ein kleiner Neger am Nordpol.

- Wo soll ich hinmachen?
- Wo erschnüffle ich Neuigkeiten?
- Wie finde ich hier Freunde – außer Kühen, die eine Fremdsprache muhen?

Ich war ein Waisenkind, das fast am Wegrand erfroren wäre. Dann wurde ich zum Menschenkind, das vollkommen abhängig ist von meinen 2 Rudel-Chefs. Jetzt bin ich plötzlich ein Landhund, der selbstständig werden soll.

- Ich darf nicht in die Wälder, weil da böse Jäger schießen.
- Ich darf nicht auf die glatte Straße, weil da Autos schlittern.
- Ich darf nicht von unserem kleinen Grundstück – aber ich weiß nicht, wo es aufhört (weil Herrchen kein Geld für einen Zaun hat).

Mein neuester Job: Ich bin ein Zähne fletschender, brüllender Wachhund. Wie ein Nachtwächter umrunde ich jeden Morgen und Abend unser Häuschen. Ich setze Duftmarken, damit Fremde gleich merken: Hier ist mein Revier! Bei jedem Geräusch schlage ich an wie ein Bernhardiner. Ich belle so viel, dass ich schon ganz heiser bin. Alles, was ich tu', ist ein einziger Fehlalarm. Unser altes Haus knarrt wie die Ruine einer Windmühle. Es macht so viel Krach, dass ich ein Schlafdefizit hab'.

Aber jetzt haben wir eine neue Alarmanlage. Die hat eine elektronische Riesennase und alarmiert gleich die Polizeihunde, falls böse Buben kommen.

Deshalb habe ich jetzt mehr Zeit für mein neues Lieblings-Hobby: Möwen fangen am Meer. Wie Batman rase ich in den Yachthafen von Grömitz und verscheuche ca. 100 Monster-Möwen (ich will natürlich keine auffressen, sondern sie nur erschrecken).

Am schönsten ist es, mit Herrchen bei Sonnenuntergang am Meer entlangzulaufen. Er wirft Stöckchen,

ich bring' sie ihm. Danach trinkt er gelben schäumenden Saft und ich einen Napf warmes Wasser.
Das Landleben ist hundeschön.

Meine Menschen spinnen: Sie fliegt zu Hunde-Fressern, und er versteckt sich im Nebel …

Ich vermisse Frauchen.
Ich spüre es sofort, wenn sie mich verlassen, meine Menschen …
Draußen schmolz der Schnee, und Frauchen nahm mich in den Arm und spielte Schmusekatze mit mir.
So beginnen sie immer die Abschiede. Ich werde dann traurig und melancholisch, weil ich ein Rudeltier bin. Ich hasse die Einsamkeit, die dunklen Zimmer. Ich warte dann stundenlang an der Tür und lausche, ob meine Menschen wiederkommen.
Aber Frauchen hat einen ganz großen Koffer gepackt. Herrchen hat mir dann alles erklärt Sie fährt rund um die Welt, um China zu besuchen …
O Graus! Ich hörte geknurrte Gerüchte: Da müssen Teufel wohnen! Da gibt es Menschen, die fressen uns Hunde (»Hunde-Kannibalen«). Auf dem Markt sperren sie uns in kleine Käfige, in denen wir auf den Tod warten. Dann schneiden sie uns den Kopf ab, häuten uns, oder schmeißen uns in siedendes Fett.
Plötzlich krieg' ich Angst …
Herrchen & ich haben es uns gemütlich gemacht. Er ist ein großer »Vidiot«. Wir liegen auf der Couch und glotzen. Als Vorspeise: Leberwurst-Schnitten. Nachspeise: kalte Spaghetti. Er trinkt schäumendes gelbes Wasser, ich krieg' Milch. Wenn Frauchen nicht da ist, darf ich auch im Körbchen am Bettende schlafen. Weil mein Chef so faul ist, schnarchen wir, bis es hell wird. Aber er hat ein neues, komisches Hobby: im Nebel sitzen. Wir haben ein eigenes kleines Zimmer. Das glüht und raucht. Durch die Glastür sehe ich mein nacktes Herrchen, wie er am ganzen Körper weint. Aber wenn er rauskommt, lacht er und lässt sich vollregnen. Dabei schreit er. Er nennt diese Folterkammer »Dampfsauna« und will mich dauernd reinlocken. Aber ich bin ein spießiger Deutscher. Ich hasse Kälte und Hitze. Ich mag's nur sofawarm.
Weil Herrchen Knochen verdienen muss, mache ich jetzt wieder Traum-Urlaub bei Schwiegermama (ihr Herz ist so groß wie eine Fa-

milien-Leberwurst). Sie hat ja auch 4 Hunde. Leider ist »Fukur« (eine Dandie-Dimmont-Terrierin mit Kaschmir-Fell) »läufig«. Die 2 Rüden bellen alle Nachbarn wach. Das muss Liebe sein – oder dieser merkwürdige Knochen, der Sex heißt. Ich bin halt noch zu jung für solche Sachen. Jeden Morgen laufe ich vor zum Gartentor und gucke raus, ob Frauchen heimkommt …
Plötzlich, als es Nacht wird, höre ich in 3 km Entfernung das Knurren von Herrchens Mercedes! Darf ich wieder heim?

Ich bekomme ein eigenes Haus!

Bei uns am Meer liegt noch Schnee. Die Sonne kommt spät, und wir schlafen alle ziemlich lange. Unser kleines Bauernhäuschen ist romantisch. Aber überall zieht's, die Heizung streikt, der Steinfußboden ist eisig. Ich friere. Nur in meinem Körbchen kann ich mich einkuscheln …

* * *

Herrchen zog das Daunenfell an und lockte mich in die Kälte. Wupps, waren wir im Auto und fuhren Richtung Meer. Ich liebe es, Möwen zu jagen …
Plötzlich biegen wir ab in ein Wäldchen, auf einen Hof. Ein alter Mensch (73) kommt aus dem Haus und guckt mich an, als will er mich braten.
O Gott! Will Herrchen mich verkaufen?
Der alte Mann zieht ein Messer … Nein, es ist nur ein Holzstab mit Strichen drauf, den man biegen kann. Ich hab' Angst.
Herrchen hält mich fest. Ich zieh' die Ohren ein und krümel mich. Ist das mein Ende? Herrchen streichelt mich und geht auf die Knie: »Rubylein, wir tun dich nur mit dem Zollstock abmessen – für die Türe von deinem neuen Hüttchen …«
Meine Ohren spitzen sich wie Stopp-Schilder! Was mir Herrchen seit einem Jahr verspricht, will er endlich halten: eine Hundehütte ganz für mich allein mit Reetdach, Carport (überdachte Terrasse) und ein Wassernapf, so groß wie ein Swimmingpool …

* * *

Brauch' ich eigentlich ein eigenes Haus?
Ich hab' meine Menschen ja so erzogen, dass ich auf jedes Sofa darf. Jedes Kissen gehört mir und jeder Sessel.
Oder wollen mich Frauchen & Herr-

chen ausquartieren? Vielleicht soll ich als Wachhund Dienst schieben und draußen in einer kleinen Hunde-Kaserne leben?
Dann wird meine neue kleine Villa zum goldenen kalten Gefängnis! Aber ich denke zu viel. Sorgen machen ist sehr menschlich. Wir Hunde denken nicht an die Zukunft – sie kommt noch früh genug.
Ich vertraue Herrchen. Weil – die nächsten 15 Jahre müssen wir ja zusammen auskommen.

Bei Schwiegermama hängt der Himmel voller Würstl

Ich bin allein. Meine Menschen sind weg – Knochen verdienen. Beim Abschied haben sie mich gestreichelt, als sei ich ein Pizza-Teig. Okay, ich liebe sie, aber eine Woche Gefühls-Ferien tut mir auch ganz gut.
Denn: Ich darf zu Schwiegermama. Das ist eine schöne Frau in einem schönen Haus im Wald mit einem großen Garten. Hier leben auch vier Hunde. Aber es gelten strenge Regeln.

★★★

Ich habe ein neues Leder-Halsband bekommen – es ist natürlich viel zu

Die Verbote:

1. Keine Pfote darf aufs Sofa.
2. »Santos«, der männlichste Schäferhund, den ich kenne, darf nicht ins Haus.
3. Ich darf nicht in den Teich springen und »fliegende Würstchen« (Goldfische) jagen. Aber er ist eh zugefroren.
4. Keiner darf aus dem Napf des anderen fressen.
5. Ich darf keine Hausschuhe verstecken.

Die Freiheiten:

1. Ich darf so oft ums Haus rasen, wie ich will.
2. Wir können im Wald so lange spielen, bis wir müde sind.
3. Ich bekomme schon zum Frühstück Leberwurst-Häppchen – und bevor ich ins Körbchen gehe, auch.
4. Ich muss nicht so viel Auto fahren wie mit meinen Stamm-Menschen (Hamburg-Ostsee und zurück, oft 200 km pro Tag).
5. Ich kann jederzeit schlafen, so viel ich will, weil ich keine Pflichten habe (und Hunde ähneln sehr den Löwen, die bis zu 23 Stunden dösen und eine Stunde jagen).

groß. Denn Herrchen glaubt mit seinem großen Herzen, ich sei eine Art Bernhardiner. Aber ich bin nur so groß wie ein Bierkasten. Ich habe auch noch keine neue Hundemarke wie meine Freunde. Ich kann doch nicht mit der alten rumlaufen. Denn ich weiß noch, wie ich bei BILD den Kanzler Kohl getroffen habe. Der war ganz stolz, dass ich regelmäßig meine Steuern zahle. Ich bin doch nicht Vater Graf …

★★★

Meine Pfote wird schon müde vom Schreiben. Ich bin ein sehr stiller Hund. Ich leg' mich jetzt schlafen und träume von Frauchen. Weil – ein bisschen fehlt sie mir schon …

Die Nacht, in der der Blizzard kam

Es war der kälteste Tag in meinem Leben.

Herrchen stöhnte, ich zitterte. Meine Öhrchen waren vereist, mein Bauch tat weh vom kalten Steinfußboden. Draußen heulte der Wind um unser

kleines Häuschen. Herrchen und ich lagen uns in den Pfoten oder streckten sie in den lodernden Kamin. Denn es waren nicht nur 12 Grad minus. Der schnelle Wind wehte mit mindestens minus 20 Grad. Herrchen streichelte mich etwas schneller. Er kraulte und knubbelte meine Ohren, um meine Blutzirkulation zu erwärmen. Ich bibberte und war trotzdem müde. Herrchen erzählte mir nämlich die schönsten Gedanken, die sich große Zweibeiner über ihre Hunde gemacht haben. Es sind große Sätze zum Träumen …

★★★

Wir sind auf diesem Planeten, auf den uns der Zufall verschlagen hat, völlig allein. Und unter all den Lebensformen, die uns umgeben, ist mit Ausnahme des Hundes keine einzige ein Bündnis mit uns eingegangen …

★★★

Hunde sind keine mit Pelzmänteln herausgeputzten Menschen. Und wer ihnen ihre Natur verweigert, tut ihnen großes Unrecht an …

★★★

Ein Hund ist nicht »fast ein Mensch«. Und ich kenne keine größere Beleidigung des Hundes, als ihn so zu bezeichnen …

★★★

Es ist dem Hund nur selten gelungen, den Menschen auf seine Ebene der Klugheit emporzuziehen. Aber der Mensch hat den Hund oft zu seiner heruntergezogen …

★★★

Jedes Kind muss das Weltall für sich neu erlernen. Jeder Hundewelpe trägt das Weltall in sich. Die Menschen haben ihre Weisheit in Museen und Bücher gesperrt. Den Hunden steckt die Weisheit im Blut und in den Knochen.

Der Wind heulte immer noch, und es roch nach Glühwein, den Herrchen so sehr liebt. Plötzlich holte er 2 rote Pappnasen aus einer Schublade und lallte: »Ruby, jetzt feiern wir ein kleines Karnevalsfest.« Dann versucht er, mir diesen hohlen runden Ball auf meine große nasse Nase zu stülpen.

Das war mir zu blöd. Ich hab' mich dann langsam die Treppe hochgetastet, und oben war es viel wärmer als unten. Herrchen schlurfte mir nach und gab mir ein großes Daunenkissen zum Kuscheln. Dann ist er eingeschlafen.

Lieber, großer Hund im Himmel, verzeih mir. Aber es war so kalt, dass ich in sein Bettchen gehüpft bin …

Warum ich Frauchen liebe

Sie war blass, gelb und dünn. Eine Woche hat mein kleines Herz auf Frauchen gewartet. Sie war in China, wo man angeblich uns Hunde zu Mittag isst (»Wir Chinesen essen alles, was vier Beine hat und einen Bauch zur Erde – bis auf Autos«).

Ob Frauchen auch ...?

Mein Herz pochte bis zum Platzen. Mein Schwanz quirlte wie ein Hubschrauber. Ich raste über den Flughafen-Marmor, hob ab und landete in ihren Pfoten wie in einer warmen, schaukeligen Wiege. Wir haben uns gleich abgeschleckt. Ich hab' ihr zärtlich die Finger geknabbert, weil sie mein Lieblingsknochen ist. Eigentlich bin ich mit ihr verheiratet, und nicht Herrchen.

Wir haben eine Seelen-Verwandtschaft. Wenn ich als Mensch wiedergeboren werde, möchte ich so werden wie sie.

1. Sie hat ein Herz, so groß wie ein Berg. Darauf kann ich den ganzen Tag rumkraxeln.

2. Sie ist eine Fleischerstochter. Darum gibt's bei uns nie diese furchtbare Wurstnot, unter der viele meiner 6 Millionen deutschen Freunde leiden.

3. Sie hat eine innere Hundenase und schnüffelt gern frische Luft wie ich. Jeden Morgen und Abend laufen wir zwei durch den Park, an der Alster entlang oder in der Brandung der Ostsee (sie ist zzt. leider 200 m zugefroren und schaut aus wie geeister Bierschaum).

4. Sie verzeiht mir alles, auch wenn sie manchmal mit dem Schlüsselbund raschelt wie mit einer Eisenpeitsche. Frauchen kann nämlich nicht bös sein.

5. Sie erfindet die schönsten Spitznamen für mich, z. B. Mäusilein, Butzelbär, Rubler (was immer das heißt), Monsterchen und Klotz am Bein.

6. Sie pflegt Hunde-Freundschaften. Sie weiß, dass auch Einzelhunde wie ich Rudelwesen sind und um die Wette laufen müssen. Wenn ich nicht renne, verkümmert meine Seele. Deshalb sind meine Renn-Kumpane lebenswichtig, z. B. der Mischlings-Terrier »Racker«, den grausame Zweibeiner 3 Tage vor Weihnachten ausgesetzt haben – mit einem Strick um den Hals ...

★★★

Die größte Sorge von uns Hunden ist, dass wir keine Stammkneipe haben.

Herrchen ist z. B. kneipensüchtig (er trinkt so gern schäumendes Wasser

zum Lachen). Aber ich darf in viele Lokale nicht rein … Warum?

Ich brauche Liebe!

Es ist so kalt, dass mir fast meine Ohren abfrieren.
Weil Herrchen auch so friert wie ich, lagen wir auf dem Sofa vor dem kleinen Kamin und haben auf Frauchen gewartet. Er trank den gelben Schaum, ich das Wasser ohne Blubbern. Wir waren so betrunken, dass Herrchen sogar Harald Schmidt zum Lachen fand …
Herrchens Hand glitt über meinen schwarzen Pelz (meine Haut ist eigentlich weiß!). Und ich wusste: Wir drei gehören zusammen.
Was will ich sagen?
Für alle Frauchen und Herrchen der Welt: Wir Hunde brauchen Liebe, und wir müssen es spüren! Wie?

Regel 1:

Ihr Menschen müsst darauf achten, dass ihr uns systematisch täglich berührt!

Regel 2:

Auch die Mini-Menschen (Kinder) müssen uns streicheln, damit sie zu unserem Rudel gehören.

Regel 3:

Sagt häufig unseren Namen.

Regel 4:

Lasst uns vor euch sitzen oder stehen (wir sind Rudelwesen und brauchen unseren Boss)!

Regel 5:

Nehmt unseren Kopf in beide Hände und streichelt unsere Ohren. Lasst eure Finger über unseren Hals und unsere Schnauze gleiten und guckt uns dabei in die Augen!

Regel 6:

Vergesst unseren Körper nicht! Lasst eure zwei Hände über unseren Hals, unseren Rücken und unsere Flanken gleiten – und vergesst nicht den Brustkorb und unsere Vorderbeine.

Regel 7:

Vergesst unseren Schwanz nicht! Er gehört fast zu unserem Körper wie ein 5. Bein.

Regel 8:

Wenn ihr aufhört uns zu streicheln,

müsst ihr noch mal unseren Kopf in die Hand nehmen und mit fröhlicher Stimme unseren Namen sagen.

Regel 9:

Das dauert höchstens 30–60 Sekunden. Aber das macht unseren Tag glücklich.

Regel 10:

Auch wir können an Krebs sterben. Durch euer Streicheln könnt ihr erkennen, ob wir Beulen oder Knoten haben, die jeder Tierarzt leicht wegmachen kann.

Aber das Schönste ist, wenn Frauchen mich mit ihrer glockenhellen Stimme ruft: »Klotz, wo bist du?«

13 Grad minus: Ich habe den Befehl verweigert

Zum ersten Mal in meinem kurzen Leben habe ich Herrchen nicht gehorcht …

Es war 23 Uhr, und ich war schon müde. Frauchen stichelte ihn an mit den säuselnden Worten: »Ruby muss noch raus …!«

1. Ich musste nicht raus (ich hatte schon).

2. Herrchen will nie raus. Denn er geht ungern, trinkt lieber schäumendes Wasser und guckt TV.

3. Es war die kälteste Nacht meines Lebens – minus 13 Grad!

4. Ich war auch nicht gut drauf, weil es im Abendnäpfchen Karottenscheiben gab. Aber Herrchen gehorcht Frauchen, wie ich ihm.

Er stand an der eisigen Tür und bettelte: »Komm, Ruby, komm … »

Aber ich konnte nicht. Ich friere so leicht. Ich hatte richtige Eis-Angst.

Ich legte mich auf den Steinfußboden und streckte meine Pfoten von mir. Für die Menschen heißt das: »Mir geht's gut. Lasst mich in Ruh'!«

Aber Herrchen verstand mich nicht. Er bettelte und bettelte. Frauchen höhnte: »Du bist vielleicht ein Herrchen!«

Diese Schande konnte ich ihm nicht antun. Ich stand auf und fügte mich in mein eisiges Schicksal. An der Tür streichelte mich Herrchen: »Weil du so tapfer bist, komme ich auch raus mit dir.«

Wir haben dann 5 Minuten lang gezittert. Ich hab' mich hinter einem Baum versteckt und so getan, als müsste ich …

★★★

Weil ihr Menschen nicht bellen könnt, müssen wir euch mit unserer Körpersprache zeigen, was wir wollen.

Hier die 5 Grundregeln:

1. Die Spanferkel-Haltung:
Wenn wir alle 4 Pfoten von uns strecken, heißt das: »Uns geht's saugut! Bitte nicht stören! Höchstens leicht streicheln.«
2. Die Kopf-am-Boden-Stellung:
Wenn wir unsere Pfoten von uns strecken und das Köpfchen seitlich auf die Erde legen, heißt das: »Spiel mit uns! Wir sind voller Energie und müssen rumtoben.«
3. Der Giraffen-Gang:
Wenn wir gestelzt gehen und mit hängenden Ohren den Schwanz wie einen Rüssel schleifen lassen, heißt das: »Hilfe! Uns geht's nicht gut. Nehmt uns in den Arm oder mit ins große Körbchen.«
4. Der Indianer-Tanz:
Wenn wir rumhüpfen, uns im Kreis drehen und aus dem Schwänzchen ein Moulinex-Quirl wird, heißt das: »Wir lieben euch. Endlich seid ihr wieder da. Das schönste Glück ist im Rudel.«
5. Die St.-Pauli-Stellung:
Wenn wir unsere Beine spreizen, wie die Mädchen auf St. Pauli, dann heißt das: »Wir brauchen Zärtlichkeit. Bitte krault und streichelt uns. Denn wir bleiben doch ewige Babys.«

Wo ist euer Instinkt?

Wisst ihr Menschen eigentlich, dass ihr das Wichtigste im Leben verlernt habt? Euren Instinkt!
Ihr glaubt, ihr seid schlauer als wir Tiere. Aber manchmal glaube ich, das stimmt gar nicht!
Herrchen und Frauchen schippern mal wieder übers Meer. Und Ruby-Maus ist allein zu Haus. Ich, die Schwieger-Schwester und die Alarmanlage!
Als Frauchen die Koffer für die Reise packte, wusste ich sofort Bescheid. Sie brauchte nichts zu sagen. Ich spürte es einfach! Mein Instinkt ist wie eine innere Stimme.
Ich bin zum Beispiel auch mein eigener Arzt. Ich habe ein Warnsystem in mir. Wenn ich Kalkmangel habe, spüre ich das. Ich esse dann einfach die kalkhaltige Schale von Eiern.
Wichtig: Ihr Menschen müsst uns dazu die Chance geben. Uns also die Eier immer mit Schale in den Napf geben. Wenn alles o. k. ist, lassen wir die Schale liegen. Bei Kalkmangel essen wir sie mit.
Oder meine vierbeinigen Kollegen, die Pferde: Wenn sie Salzmangel spüren, dann lecken sie den salzhaltigen Tau von den Wänden. Schlau, oder?

Und die Vögel? Sie wissen genau, wann es kalt wird, und fliegen vorher fort.
Die Schwalben fliegen vor Regen ganz tief. Wer hat es ihnen gesagt? Sicher haben sie nicht die Wettervorhersage von euch Menschen gehört, die liegt nämlich immer daneben.
Rehe spüren die Gefahr von Herrchens Jägerfreund Johannes schon, wenn der seine Büchse noch nicht einmal geladen hat.
Aber das beste Beispiel ist die Liebe! Der Sex! Da seid ihr Menschen so superdumm! Ihr braucht Tabellen und Thermometer, um herauszubekommen, wann ihr Babys machen könnt.
Ich kleines Hunde-Mädchen bin viel schlauer. Ich weiß genau, wann der richtige Moment da ist. Und dann verliebe ich mich spontan ... Das kommt 2-mal im Jahr vor. In der restlichen Zeit diskutiere ich mit den Männern, gehe mit ihnen aus – zum Toben und Spielen. Aber in meinem Körbchen landet keiner. Kommt ja sowieso nichts bei raus ...

Möchte ich lieber ein Mensch sein?

Manchmal frage ich mich: Ist es schöner, ein Mensch zu sein? Oder ein Hund?!? Ich bin lange im Park auf und ab gelaufen und habe gegrübelt.
Ich habe meine Freunde »Racker« und »Luc« dabei angesehen. Unbekümmert und wild tollten sie über den Rasen.
Dann habe ich auf Herrchen und Frauchen geschaut. Herrchen las die »F.A.Z.«, und Frauchen ärgerte sich über Ritzen in unserem Bauernhaus, durch die es immer noch zieht.
Ich weiß jetzt: **Ich bin lieber ein Hund**. Es gibt mindestens 100 Gründe dafür. Hier meine 7 wichtigsten:
1. Wir Hunde sind eine Sorglos-Gesellschaft! Wenn ich morgens erwache, ist meine einzige Sorge: Schleck' ich zuerst Frauchen wach? Oder Herrchen?
2. Wenn ich ein köstliches, fettes Leberwurst-Brot verschlungen habe, dann freue ich mich riesig auf mein gemütliches Körbchen. Und schlecke mir genüsslich und stolz über mein dickes Bäuchlein. Frauchen ärgert sich nach fast jedem Essen über ihr Bäuchlein ... Warum bloß?
3. Ihr Menschen habt so seltsame Worte wie Benehmen und Sitten ...! Was soll das bloß? Landrüpel »Flachs« frisst mit seiner ganzen Schnauze plus Nase. Aber niemals würde ich ihm deshalb die Meinung bellen.

4. Herrchen und Frauchen müssen manchmal auf Partys gehen, obwohl sie viel lieber zu Hause bleiben möchten. Komisch! Ich laufe niemals irgendwohin, wo ich nicht hin will. Warum auch?

5. Herrchen hat neulich eine alte Bekannte auf der Straße getroffen. Zu Hause hat er noch geknurrt bei ihrem Namen, aber auf der Straße war er plötzlich ganz nett zu ihr. Wir Hunde dürfen immer ehrlich unsere Meinung knurren …

6. Herrchen und Frauchen grübeln immer darüber, was sie sich noch kaufen wollen, ob sie es sich auch leisten können. Ihr Menschen seid irgendwie nie zufrieden. Wollt immer mehr. Mir schmeckt Wasser besser als Sekt. Und Leberwurst besser als Lachs …

7. Neulich ist bei uns das Wasser eingefroren. Mein Gott, haben Herrchen und Frauchen sich geärgert. Keine Dusche. Kein Abwasch. Kein Zähneputzen. Blödes Pech … Meine Zunge funktioniert immer. Sie ist meine Körperpflege, Napfschlecker und Zahnbürste.

Ich weiß jetzt: ihr Menschen habt Sorgen, die möchte ich nicht haben!

Übrigens: Es ist jetzt 10 Uhr morgens, und ich gehe gleich noch einmal für 3 Stunden gemütlich und ohne Sorgen ins Körbchen. Neidisch …?

Frühling: Es stinkt so herrlich

Ich erwache mit den Kühen. Sie bellen ganz dunkel und ausländisch. Bei den ersten Sonnenstrahlen hüpfe ich aus dem Körbchen. Ich schlecke Frauchens Zeh und Herrchens Hand. Dann darf ich raus …

Plötzlich ist alles wieder wie früher: herrlicher Schlamm, knorrige Baumwurzeln, Büsche zum Rumschnüffeln und braune Erde zum Buddeln. Der Schnee ist weg!

Es ist wie im Paradies. Meine Nase erschnuppert eine Welt, die ihr Menschen Gestank nennt. Aber für uns ist es Parfum:

- Das feuchte Gras, in dem ich mir meine Nase putzen kann.
- Der modernde Baumstamm, an dem ich Bächlein machen kann.
- Der kleine Misthaufen, in dem ich mich so gerne wälze.
- Der Kuhstall, wo es so schön stinkt.

Die Nase ist unser wichtigstes Organ. Wir riechen 100-mal besser als ihr Menschen.

Ihr habt vergessen, wie wichtig es ist, dass man sich riechen kann. Ihr solltet öfter die Augen schließen Und auf eure Nase hören.

Spürt ihr nicht den Frühling, der aus

eisigem Wind ein lindes Parfum macht?
Riecht ihr nicht den frischen Sauerstoff der Bäume? Die salzige Luft des Meeres? Die warmen Strahlen der Sonne?
Es gibt nur zwei Dinge, auf die wir Hunde uns verlassen:
1. Unsere Nase!
2. Unseren Instinkt!
Das könnt ihr Zweibeiner von uns lernen. Hört öfter auf euren Körper. Das Leben kann so einfach und so schön sein.

Ist Herrchen ein Fell gewachsen?

Es war eine traurige Woche. Aber wir Hunde kennen keine Tränen …
Meine Freundin »Elli« ($1^1/2$) ist gestorben. Sie kam nicht mehr vom Tierarzt wieder. Er hatte in ihrem Bäuchlein den Tod entdeckt. In dem Häuschen von Schwiegermama flossen viele Tränen. Es war ganz still. Ich hab' »Eili« sehr lieb gehabt. Aber vielleicht werden wir Hunde ja wiedergeboren – als Menschen …

★★★

Plötzlich ging die Sonne wieder auf. Das Auto von Frauchen & Herrchen knirschte vor der Tür. Zurück von Gran Canaria. Ich bellte mir die Seele aus dem Leib. Mein Rudel war wieder da. Ich raste, tanzte und stutzte: War ihnen ein Fell gewachsen? Sie sahen ein bisschen aus wie Roberto Blanco. Ihre Haut war verbrannt. Aber ihre Zähne leuchteten.
Wir 3 Rubys sind nämlich Sonnen-Fans. Wenn sie strahlt, sind wir draußen. Wir tanken die Sonnen-Energie und wärmen damit unser Herz.
Aber mir ist es immer noch zu kalt. Ich bleibe im Bauernhäuschen und geh' nur zur Notdurft raus. Mein Lieblings-Sport: mit Herrchen um die Wette gähnen. Wir liegen dann auf dem Sofa (er guckt Video). Und beide gähnen wir synchron. Bis Frauchen schimpft: »Ihr faulen Butzelbären! Raus mit euch an die frische Luft!« Dann gehen wir einmal ums Haus und kommen wieder.

★★★

Herrchen trägt jetzt eine weiße Mütze. Er brummt Seemanns-Lieder wie Hans Albers. Mein Boss will Kapitän werden (Motorboot-Führerschein). Zu zweit üben wir mit seinen Strümpfen Seemannsknoten. Ich darf sie nicht mehr verstecken und zerbeißen wie früher.

★★★

In meinem Bauch rumort es. Ich werde plötzlich müde. Aus einem Hund wird auf einmal eine Frau. Ich glaube, ich werde läufig. Darf ich jetzt noch mit den anderen spielen?

Warum könnt ihr Menschen nicht bellen?

Ich bin eine Frau. Und habe Gefühle wie eine Frau – zwar nur zweimal im Jahr, aber dann richtig.
Herrchen versteht das nicht.
Aber euch kann ich's sagen: Ich bin glücklich läufig.
Und was macht Herrchen? Er hat einen Papa-Komplex. Weil ich ja 3 Kilometer weit hören kann, lauschte ich seinem Flüstern: »Frauchen, wir müssen jetzt auf Ruby aufpassen. Ich muss sie beschützen wie eine Jungfrau. Da kommt so ein schwanzwedelnder Struppi um die Ecke und wackelt mit seinem sündigen Knochen ... Aber ich such' mir meinen Schwiegerhund selbst aus!«
Ach, das dumme Herrchen. Wenn er wüsste, was ich schon alles kenne ...

★★★

Ich liebe Herrchen ja. Aber oft versteh' ich ihn nicht, weil er ja leider nicht bellen kann. Aus seinem Maul kommen irgendwelche Schreie, die ich deuten muss. Und dann wackelt er noch mit seinen Pfoten und führt sich auf wie ein Welpe.
Ich tu' einfach so, als verstünde ich. Wenn er z. B. sagt: »Und wie machen die Mädchen auf St. Pauli?«, dann muss ich mich auf den Rücken legen und alle 4 Pfoten wie ein Spanferkel von mir strecken. Er kitzelt mich dann am Bauch, und das ist ganz angenehm.
Aber Herrchen nimmt das Leben zu ernst. Er will mich verstehen – aber ich bin kein Mensch, sondem eine Art Wolf. Er kauft sich immer große Sachen, die ausschauen wie Hundefutter zum Aufblättern. Er nennt das Bücher. Und da haben Zweibeiner geschrieben, was sie über uns Hunde denken.

Seine Hitliste:

1. Konrad Lorenz (Nobelpreisträger): »So kam der Mensch auf den Hund« (123 S., 9,90 DM, dtv). Mein Urteil: Ein geniales Buch.

2. Stanley Coren: »Die Intelligenz der Hunde« (352 S., 39,80 DM, Rowohlt). Mein Urteil: Endlich versteht einer uns Hunde.

3. Thomas Mann: »Herr und Hund« (10,90 DM, Fischer). Mein Urteil: Sollte jeder Schäferhund lesen.

4. Boris Cyrulnik: »Was hält mein Hund von meinem Schrank?«

(106 S., 12,90 DM, dtv). Mein Urteil: Nur was für Intellektuelle.
5. Gert Haucke: »Hund aufs Herz« (173 S., 29,80 DM. Wunderlich). Mein Urteil: Der TV-Star kämpft für uns Hunde.

Ist Sex Sünde?

Mein Lieblingsfest ist Weihnachten. Draußen kalt, drinnen kuschelig. Und vom Tisch purzeln Würste, Plätzchen, Truthahn etc. Ein Nonstop-Fest. Meine Rolle im Rudel: laufender Müllschlucker. Ich bin sehr stolz darauf und fresse allles weg, bis mir schlecht wird …
Ganz spät gehe ich dann mit Herrchen in den Wald – rülps …

★★★

Ostersonntag. Das ist das Fest aller Tiere, die lange Ohren haben, glaube ich. Meine sind nur daumenlang, aber das reicht. Ich bin morgens gleich ins Körbchen von Herrchen gehüpft, um ihn wachzuschlecken – und mein Geschenk zu suchen.
Er weiß, ich liebe Häschen. Sie hoppeln am Meer. Ich jage sie, fang' sie aber nie. Ich bin ja kein Monster.
Ich schnüffle durchs Bauernhäuschen (ich kenn' Herrchens Verstecke). Unterm Bett? Nichts, nur eine Spinne. Hinterm Sofa? Mein alter, verschollener Tennisball! In der Speisekammer? Nur Wurstbüchsen, Bierkisten, Ketschupflaschen und Hundefutter ohne Öffner.
Wo ist das Häschen?
Plötzlich sehe ich einen Buckel unter der Decke meines alten, kaputten Lieblings-Sessels. Wie ein Adler saust meine Nase drunter. Meine Krallen zerfetzen das grüne Knister-Papier: Ein Flauschhase mit riesigen Augen zum Rausreißen! Ich schlage ihn mir um die Ohren und deponiere ihn in meinem Körbchen – im Friedhof der Kuscheltierchen: Da liegt schon »Rex«, der Stoffhund, ohne Augen, ohne Halsband, ohne Schwanz. Und: »Knutschi«, ein Steiff-Bär ohne alles (ich habe ihm fast schon die flockigen Eingeweide rausgerissen). Jetzt ist das Häschen dran! Denn was ich lieb', das fress' ich.

★★★

Die Frühlings-Sonne weckt in mir das Herz – und die Frau. In meinem Bäuchlein rumort's. Ich bin läufig…
Ich weiß nicht, was Sex ist. Vermutlich ein riesengroßer Knochen, der glücklich macht.
Aber ich denke nicht viel. Ich folge nur meinem Instinkt. Deshalb muss ich jeden Morgen und jeden Abend raus und meine Duftmarken ver-

streuen. Ich häcksle sie mit meinen Pfoten wie ein Rasenmäher in die schöne, stinkende Dorfluft.
Der Sinn? Alle frechen Jungs der Gegend sollen wissen, wo die Prinzessin wohnt!
Aber Herrchen guckt so skeptisch. Er will mich, sein »Töchterchen«, vor der Sünde beschützen. Aber will ich das?

Ich habe mich verliebt ...

Herrchen hat mir nie gesagt, was Sex ist.
Ich dachte immer, das ist ein großer Knochen oder ein Freund von »Rex«. Aber ich glaube, das ist etwas viel Schöneres, das mit dem Herzen zu tun hat.
Das Gefühl traf mich wie eine Chappi-Büchse. Er bog um die Ecke und sah aus wie Richard Gere auf vier Beinen. Ein junger Irish Setter mit fliegendem braunem Haar und einer wunderbaren langen Schnauze zum Reinbeißen. Er hat mich sofort gerochen und flog auf mich zu. Er umtänzelte mich wie ein ganzer Indianerstamm und winselte so süß wie die »Wildecker Herzbuben«. Es war Liebe auf den ersten Schnupper. Mit einem solchen Mann möchte ich alt werden ...
Aber: Frauchen zischte. Herrchen bellte. Sie wollen mich beschützen, meine Jungfräulichkeit. Aber sie wissen nicht, was sie tun.
Mein Schwarm wurde ängstlich, zog seinen langen, wedelnden Schwanz ein und verdrückte sich.
Jetzt bin ich wieder allein und keusch.

★★★

Braucht jeder deutsche Hund seine eigene Hütte? Neun Millionen Mal ja! Wir Hunde lieben euch Zweibeiner. Aber irgendwann brauchen wir auch unser eigenes kleines Reich, unsere eigenen vier Wände. Wo wir gedanklich die Tür zuschmeißen können. Viele Rubys leben in kleinen Wohnungen. Auch sie haben ein Recht auf ein Hüttchen (beim Otto-Versand gibt es schon welche für ca. 100 Mark). Ein Körbchen ist ja okay. Aber in jedem Hund schlummert der Traum von einer eigenen Höhle. Denn sie gibt uns das Gefühl von Schutz (wir haben ja keine Decke, die uns seelisch wärmt).
Herrchen mit seinem großen Leberwurst-Herzen hat mir ja fast eine Villa versprochen: ein Bauern-Häuslein mit abnehmbarem Strohdach (zum Saubermachen). Es hat vielleicht sogar Fensterchen. Aber gesehen habe ich es immer noch

nicht. Ein alter Schreiner (73) schnitzt schon seit Wochen dran rum. Ich trau' es mir fast gar nicht zu sagen: Ich will gar keine Protz-Hütte.

Haben alle Frauchen einen Putzfimmel?

Das größte Problem im Zusammenleben mit euch Zweibeinern sind meine Pfoten.

- Es sind Mehrzweck-Werkzeuge: Hände, Krallen, Streichelballen, Gras-Schaufeln, Knochen-Verstecker, Türenkratzer und Wärmesocken.
- Aber es sind keine Schuhe, die ich ausziehen kann! Meine Pfoten sind Turnschuhe, Gummistiefel und Hauslatschen in einem.

Aber das versteht Frauchen nicht … Sie schimpft, zischt, wirft Putzlappen nach mir und bellt Herrchen an, auf dessen Sofa ich immer Schutz suche.
Unser kleines Häuschen ist jetzt mit lauter Flecken ausgelegt. Es sieht aus wie beim Umzug. Nirgends darf ich mehr mit meinen Pfötchen drauf: Absolutes Bett-Verbot! Auf dem Fernseh-Sofa darf ich nur rechts oben in die Ecke – wo der Lautsprecher plärrt. Der neue Teppich unterm Esstisch, wo's am gemütlichsten ist, ist eine Art Todesstreifen geworden.
Vor jeder Tür liegen dicke Pfoten-Abstreifer, aber meine Samtballen sind viel zu fein. Und der schöne Schmutz steckt im Detail (z. B. in meinen Zehen). Ich schleck' ja schon alles weg. Aber welcher Hund ist ohne Flecken? Wer spielt, wird dreckig. Wer das Land liebt, der stinkt! Herrchen grinst. Frauchen stöhnt. Ihr Menschen habt einen Putzfimmel: Euer halbes Leben putzt ihr – und die andere Hälfte sucht ihr nach Schmutz.

★★★

Ich bin ein »Kelly«-Fan … Ich zerschmelze vor Liebes-Sehnsucht!
Eine Ruby braucht einen Romeo – und sei es der hässlichste Dackel überhaupt! Ich habe ein Recht auf Liebe! Ich habe ein extremes Zärtlichkeits-Defizit. Herrchen streichelt mich so häufig wie seinen Bierbauch. Aber das ist eine Art Vater-Tochter-Liebe.
Ich brauche Sex! Was immer das ist! Ich weiß: Irgendwo da draußen unter einer Laterne wartet der Rüde meines Lebens auf mich …
Romeo, ich komme!

Die Herrin des Gartens

7 Uhr, Sonnenstrahlen schießen durch unser Bauernhäuschen. Ich wecke Herrchen durch klatschendes Schlecken und Hinter-

kopfkratzen. Er knurrt: »Stuben-Ruby, was willst du?«
Ich kratze an der Tür: Ich will raus! Ich muss meinen neuen Dschungel kontrollieren.
Dschungel = Garten. Mir gehören 10 Bäume, 5 Schutthaufen, ein kleiner Berg Steine, 3 Erdwälle und eine Art Maulwurfhügel-Landschaft. Alles ist meins. Morgens patrouilliere ich durch meinen Dschungel. Sind meine zwei Tennisbälle gut versteckt? Ist mein Stöckchen-Lager noch da? Besuchen mich Häschen oder die Riesen-Kühe?
Es gibt nur ein Verbot: Ich darf nicht auf die Straße – das ist meine Zonengrenze.
Mein Lieblings-Platz: zwei lockere Pflastersteine unter der Buche. Hier ist nämlich mein »Stöckchen-Schraubstock«.
Wenn Herrchen wirft, schnapp' ich mir den Ast in der Luft, rase zur Buche und ramme ihn wie einen Pfahl zwischen die lockeren Steine. Er steckt dann fest wie ein Schaschlik, und ich kann's anknabbern wie ein Magnum-Eis.
Nur Frauchen schimpft, weil sie immer drüberstolpert ... Letzter Verlust: ein Eierbecher.

★★★

28 Grad! Ich schwitze wie ein Grislibär. Überall such' ich die schwarzen, durchsichtigen Löcher, die ihr Schatten nennt.
Herrchen nahm mich jetzt mit in sein Geheim-Versteck: den Biergarten vom »Weißen Ross«. Ein Paradies: Herrchen trinkt sein schäumendes Wasser, und mir fallen Pommes frites, Würstchen und Gulasch-Brocken in den Schlund (den Salat lass' ich liegen). Wir dösen beide im Schatten und warten, bis Frauchen uns heimholt.

Hochzeit: Ich kriege den 3. Ring

3 Uhr früh. Ich saß unterm Tisch. Meine Schnauze lag auf Frauchens Fuß. Weiter oben: Geschnatter, Gegluckse, Damen-Kränzchen – und immer hoch die Näpfe.
Hätt' ich eine Uhr, hätt' ich demonstrativ auf meine Pfote geschaut.
Wenn ihr Zweibeiner zu viel schäumende Näpfe trinkt, werdet ihr komisch, bellt dummes Zeugs und wollt nicht ins Körbchen.
Als wir um 4 Uhr heimkamen, schnarchte Herrchen schon. Frauchen fiel ins Bett, ich kippte von den Pfoten ...
9 Uhr: Ein schmusiges Grummeln und ein Kitzeln hinter meinen Ohren! Zum

ersten Mal in meinem Leben hat mich Herrchen geweckt – mit gütigen Augen und einem frischen, stinkenden Näpfchen.

★★★

Nervöse Stinmmung in unserer Bauernhütte. Frauchen schwebt im 7. Knochen-Himmel, Herrchen schleicht so komisch rum.
Grund: Meine beiden Chefs wollen heiraten – endlich! Denn ein richtiger Hund braucht ordentliche Verhältnisse. Wir drei leben schließlich schon fast 3 Jahre in wilder Ehe.
Aber: Weil ich vier Beine habe und angeblich keine Seele, darf ich nicht in die Kirche.
Ich freu' mich über die zwei, aber mein Herz ist etwas traurig: Wann heirate ich? Wann finde ich endlich den Rüden fürs Leben? Ein Mannsbild, das mich beschützt, mich schleckt, mit mir spielt und nachts das Körbchen teilt?
Ja, ich bin ein Einzelhund. Ja, meine Chefs lieben mich wie ein zweibeiniges Baby. Aber ich habe Gefühle, die nur ein Hund versteht.
Meine Idee: Ich lade alle meine Köter-Kids ein – von »Flachs« bis »Santos«. Dann stehen wir Spalier, wenn Herrchen im Frack und Frauchen ganz in Weiß aus der Kirche in ihr Glück rennen.
Psssst, ich krieg' auch was. Ich glaube, Herrchen hat beim Juwelier drei Ringe bestellt. Der kleine ist für mein Halsband.

Diät! Herrchen & ich sind zu dick

Der Morgen beginnt mit einem Grauen!
Frauchen grinst und schüttet hämisch diese grässlichen Haferflocken in mein Näpfchen. Sie garniert sie schnitzend mit Karottenscheiben ...
Ist das »Hufu« (Hundefutter)? In meiner Natur bin ich eine Bestie, Fleisch fressend, ein Jäger – kein Vegetarier!
Aber Herrchen geht's nicht besser. Er stochert in seinen Cornflakes und krault sich sein Doppelkinn ... Frauchen hat uns zur Diät-Folter verurteilt! Es begann damit, dass sie unsere beiden Bäuche kraulte und plötzlich erschrak: »Ihr seid beide zu dick!«
Wir müssen jeden Morgen auch zum Sklaven-Spaziergang an die Ostsee. Herrchen schleppt sich über die Dünen. Ich finde wenigstens noch einen toten Fisch zum Schnuppern ...

★★★

Die 10 Verbote:

1. Ab sofort keine Leberwurst mehr!
2. Keine fette Milch!
3. Kein extra Schweinsohr!
4. Keine faule Sessel-Siesta!
5. Kein Frühschoppen mehr im »Weißen Ross« (schäumendes Wasser, Pommes, Gulasch)!
6. Keine Gratis-Wurstscheibe im Café »Funk Eck«!
7. Keine Plätzchen im Büro!
8. Keine Spaghetti, Birkel-Nudeln, Sahnesoßen!
9. Absolutes Bettelverbot am Tisch (weil – die größten Herzen krieg' ich immer noch rum)!
10. Schwiegermama-Verbot – weil sie mit ihrem großen Herzen alle Verbote missachtet.

Irgendwas stimmt mit meinem Schwänzchen nicht. Es begann mit einer kleinen Glatze ganz an der Spitze. Weil ich mich so freue, wenn Herrchen von der Arbeit kommt, klatscht mein Schwänzchen oft an die Tür. Aber kriegt man davon Haarausfall? Inzwischen ist es sogar eine kleine Warze. Ist das Hornhaut? Herrchen in seiner grenzenlosen zynischen Fantasie murmelte etwas von »Schwanzkrebs«! Von »müssen wir das Schwänzchen ein bisschen abschneiden«. Er lächelte dabei, weil er mich ja liebt und so was nie tun würde. Aber ein bisschen Sorgen mach' ich mir schon. Ich fühl' mich auch nicht mehr so fit. Irgendwas stimmt nicht mit mir …

Nach 3 Tagen Diät hat Frauchen groß eingekauft bei »Famila« – viele verschiedene Aufreiß-Döschen. Sie wollte mir eine Freude machen. Aber es schmeckt mir gar nicht. Ich hab' dann Gras gefressen aus unserem Garten. Im Auto musste ich mich dann übergeben, was mir sehr peinlich war. Aber Herrchen hatte Gott sei Dank eine alte »Welt«.

Wie heiße ich nach der Hochzeit?

Herrchen und Frauchen heiraten. Frauchen wird Herrchens Namen annehmen. Und ich …?

Riesen-Gemeinheit: Ich habe gar keinen Nachnamen! Ich heiße nur **Ruby**. Klar, Spitznamen habe ich so viele wie Knochen im Garten. Aber keinen Nachnamen.

Soll ich also auch Herrchens Namen annehmen?

Ich habe mich lange in mein Körbchen zurückgezogen und nachgedacht.

Ergebnis: Nein! Ich werde nicht Herrchens Namen annehmen. Ich heiße »Ruby«. Und damit basta! Große Frauen haben keinen Nachnamen. 3 Beispiele:

- Die Queen! Sie hat auch nur einen Vornamen. »Queen Elizabeth«. Nachname völlig überflüssig.
- Oder die Kühler-Figur des Rolls-Royce. Sie heißt auch nur schlicht und einfach »Emily«.
- Oder das schönste Lächeln der Welt: Mona Lisa! Niemand kennt ihren Nachnamen.

Mal ehrlich, habe ich es da nötig, diesen bescheuerten, langen Nachnamen von Herrchen anzunehmen? In meinem Park, auf unseren Land-Misthaufen und auf meinem Iduna-Rasen kennt man mich, wie die Queen, auch ohne Nachnamen!

★★★

Ich habe einen neuen Trick gegen Streichel-Defizit! Funktioniert garantiert auch unter Menschen. (Lesen Sie Rubys-Trick-Beilage und fragen Sie **nicht** ihr Frauchen oder Herrchen ...)

Regel 1:

Lasse deinen Kopf und deine Ohren hängen (seid ihr Menschen leider zu blöd für).

Regel 2:

Friss nur noch heimlich.

Regel 3:

Und stelle sofort das Laufen ein, wenn jemand zusieht.
Ergebnis folgt. Frauchen geht sofort zu Herrchen. »Ruby-Maus fühlt sich nicht. Sie ist vielleicht krank ...«
Herrchen – das Herz auf zwei Beinen – nimmt mich hoch. Er krault meine Ohren. Meine Brust. Er streichelt mir über den Kopf.
Und abends darf ich dann bei Herrchen und Frauchen im Bett schlafen ...
Euch Menschen kann man so schnell einwickeln wie einen Hundekuchen ...

Warum hat Herrchens Hochzeits-Fell 2 Schwänze?

Ich habe ein neues Spielauto! ich habe jetzt einen eigenen Eingang in Herrchens neuem Auto –, einem Audi Combi. Jeden Morgen öffnet er mir die Heckklappe, und ich darf reinhüpfen. Da liegt ein extra Körbchen für mich für lange Fahrten.
Aber weil ich immer Herzrasen bekomme, wenn er schneller fährt als

130 km/h (dann verschwimmt in meinen Hundeaugen die Landschaft), hüpfe ich gleich über die Rücklehne, wo früher immer meine Decke lag.
Herrchen schimpft dann immer ein bisschen, ich verstehe ihn gar nicht, aber ich liebe ihn doch so. Dann balanciere ich auf der Mittelkonsole vorne auf dem großen Hundesitz rechts, der hat sogar eine eigene Heizung eingebaut. Das ist mein Lieblingsplatz, weil ich von hier die Schnauze in den Wind halten kann und so nahe bei Herrchen bin.

★★★

Schlimm ist's nur, wenn Herrchen rast: Dann verkriech ich mich in den Fußkasten hinter seinem Sitz und lege den Kopf zitternd auf den Boden, bis alles vorbei ist.

★★★

Weil' ich jetzt so viel Platz habe, hebe ich alle meine Stöckchen auf für die Reise. Aber Frauchen schmeißt sie alle wieder raus.

★★★

Früher, als ich klein war, durfte ich bei Frauchen auf dem Schoß mitfahren, bis uns einmal die Polizei bei zu schnellem Fahren geblitzt hat. Frauchen konnte sich nicht rausreden, denn der Polizist fragte: »Haben Sie dunkle lange Haare und so einen kleinen netten schwarzen Hund?« Sie war überführt …

★★★

Herrchens Hochzeit rückt immer näher. Wir waren jetzt zusammen bei dem feinen Herrenausstatter in Hamburg »Ladage & Oelke«. Er hat ein ganz neues Fell probiert. Ich glaube, er will genauso ausschauen wie ich. Denn es ist ganz schwarz, hat 2 Schwänze hinten (einen zur Reserve), und vorne hat er eine weiße Brust wie ich. Auch sein Halsband ist weiß. Seine Pfoten glänzen und sind aus schwarzem Lack. Er nennt sein Fell Frack.

Herrchen hat ein glänzendes Hundehalsband um den Finger …

Sie strahlten. Frauchen & Herrchen kamen aus Venedig zurück. Ihre Finger glitzerten. Endlich haben sie getan, was ich schon lange gebellt habe (aber mich versteht ja keiner): Sie haben geheiratet.
Ich bin jetzt kein unehelicher Hund mehr, sondern abgesichert bis zum Lebensende (eine Art Wurst-Rente).

★★★

In unserer Bauernkate rollen die Bierfässer an – zur Party vor und nach der Kirche (in die ich leider nicht rein darf). Aber ich hab' eine Überraschung: Ich habe mit Freunden einen Video-Film für meine Chefs gedreht – ein »Ruby-Special«. Der Inhalt ist noch geheim.

★★★

Ich kontrolliere jetzt unseren Garten, der frisch gesät wurde. Aber der Regen hat alles wieder weggespült. Wir bauen ein kleines Hochzeits-Zelt auf, und ich bin der offizielle Wachhund (es geht sicher bis 6 Uhr früh, aber es gibt sicher genug Weißwürste).

★★★

Herrchens Fell ist fast fertig (Frack). Aber ich habe noch kein neues Hochzeits-Halsband (mit dem alten kann ich nicht feiern). Jede Frau zieht ein neues Kleid an. Einige haben Angst, dass ich ihnen mit meinen zarten Pfoten die Strümpfe zerreiße. Aber das ist doch nur die Zärtlichkeit eines Freundes. Ich verspreche, dass ich ganz brav bin.
Hoffentlich bin ich nicht der einzige Hund. Denn Frauchens Freunde haben fast alle so ein liebes Wesen zu Hause (einige sogar 3–5). Und der Papst hat ja bestätigt, dass wir Hunde auch in den Himmel kommen, wenn wir brav sind.

★★★

Meinem Schwänzchen geht's schon viel besser. Herrchen wäscht mir meine Schwanz-Glatze jeden Morgen zärtlich mit Shampoo, rubbelt trocken und föhnt mich ab. Sauberkeit tötet die bösen Milben, die meine Haare auffressen.

★★★

Im Büro bog ich um die Ecke und sah plötzlich ein kleines schwarzes Baby in meinem Körbchen – einen Labrador-Welpen. Er hat eine süße Schrumpelhaut, in die 3 Hunde-Babys passen würden. Alle Frauen schnatterten und streichelten das süße Knäuel.
Ich war plötzlich vergessen.
Aber deshalb lieben wir Hunde euch: Ihr Zweibeiner habt einen riesigen Mutter-Komplex. Ihr seid streichelsüchtig. Doch ihr vergesst manchmal, dass auch große Hunde ewige Kinder bleiben, weil ihr uns vermenschlicht habt. Als Rudelwesen sind wir bis in die Jagdgründe fixiert auf euch. Das dürft ihr nicht vergessen …

Krieg' ich einen Bruder?

Ich stand in einem Wald von Beinen. Es waren über 100 Zweibeiner – und ich war der einzige Hund. Hochzeits-Party in unserem Garten am Meer.

Ich fraß so viel Würstchen, dass mir jetzt noch schlecht ist. Ich verkroch mich in mein Körbchen und hielt mir meine Ohren zu (ich hab' eine automatische Trommelfell-Schleuse). Die Zweibeiner tanzten bis in den Morgen.

Aber ich hatte niemanden.

Ich bin ein Einzelhund, der nur mit seinem Beißbären und mit Stöckchen spielt. Ich hab so Sehnsucht nach einer vierbeinigen Familie.

Herrchen liest mir ab und zu Liebesbriefe vor, von einsamen Rüden, z.B. von »Filou« aus Lünen: »Mein geliebtes Hundeschnäuzchen! Küssen und Abschlecken, Ohrenknabbern und Zwicken kann ich schon ... Ich würde all meine Leckerchen und Kauknochen vor dir ausbreiten, dich mit der Nase stupsen und dir das Hunde-Paradies auf Erden versprechen ...«

Hab' ich nicht das Recht auf einen Nebenhund? Müssen meine Pfoten nachts immer frieren? Soll ich immer nur mit einem Knochen aufwachen?

Frauchen hat mir's fast schon versprochen: »Eines Tages bist du nicht mehr allein, Ruby ...«

★★★

Ab und zu schmeiß ich auch eine Party. Dann kommt der schöne Schäferhund »Santo«, der Schäfermischling »Flachs« (mein bester Freund) und die alte Setterin »Lady«.

Aber sie fressen meinen kleinen Napf leer, schlürfen alles Wasser weg und klauen die Kekse von der Küchentheke.

Alle sind größer und stärker als ich und tun das, was ich nicht kann. Deshalb brauche ich jemanden, der mich beschützt, aber nicht größer als ein Bierkasten ist.

Frauchen & Herrchen fahren jetzt 20 Tage in Flitterwochen – und ich darf wieder zu Schwiegermama. Aber da bin ich Gast bei vier Hunden – und die sind alle stärker als ich. Da muss ich von Herrchen träumen und kann ihn nicht abschlecken. Aber wenn's ihm gut geht, dann erleide ich das halt. Denn eines Tages wird sein Auto die Straße langkommen. Und das ist der schönste Tag in meinem Leben.

Ruby allein zu Haus

Ich bin allein. Frauchen & Herrchen lieben sich im Mittelmeer, in den Flitterwochen.

Es tut mal ganz gut, ohne »Elternstress« zu leben. Ich muss keinen wecken. Ich muss nicht ums Essen betteln. Ich muss nicht dauernd raus, »Bächlein machen«, obwohl ich doch immer schon gemacht habe. Ich muss eigentlich nichts – und das ist das schönste Hundeleben.

Ich tue nur, was mir Spaß macht:

- Ich erschnüffle die Umgebung von Schwiegerma's Haus.
- Ich plansche im Teich mit den »schwimmenden Würstchen«, die ihr Goldfische nennt.
- Ich hab' 4 Hunde zum Spielen und kann mir jede Stunde einen anderen aussuchen.
- Hinterm Haus ist ein kleiner Wald. Hier kann ich hoppelnde Hasen jagen und flatternde Vögel – leider immer umsonst.

Aber ich spüre, dass ich zum Jäger geboren bin. Doch bei Herrchen kann ich nur Stöckchen und Würstchen jagen. Vielleicht bin ich zu etwas ganz anderem bestimmt?

★★★

Schwiegerma ist himmlisch zu mir. Ich darf auf einer alten Decke auf einem alten Sofa schlafen. Jeden Morgen gibt's kleine Leberwurst-Brötchen. Und meine Streicheleinheit bekomm' ich auch.

Kann es einem Hund besser gehen?

Na ja, Herrchen fehlt mir schon, vor allem abends, aber auch morgens – mittags nicht so (da ist er eh nie da). Seine großen, weichen Hände fehlen mir, und sein Lachen. Aber diese zwei Wochen werde ich durchhalten …

Warum könnt ihr Menschen nicht bellen?

Mein neues Reich ist 5 Stöckchenwürfe lang und 3 Stöckchenwürfe breit. Es ist die schönste Wiese der Welt, aber sie kratzt noch wie ein Igel. Rundrum ist eine riesige geflochtene Hundeleine aus Eisen. Jeden Morgen und Abend muss ich kontrollieren, ob alles in Ordnung ist. Das ist nicht schwer. Aber wir haben viele Nachbarn, die mich immer so komisch anschauen. Deshalb knurre ich ein bisschen (was ich nicht bös meine).

Aber weil ihr Menschen ja nicht bellen könnt, muss ich euch erklären, was das heißt:

- **Weiches, tiefes Knurren:**
Sieh dich vor! Verschwinde!
- **Ein lautes Knurren mit verdeckten Zähnen:**
Dieses ist ein gutes Spiel! Das macht mir Spaß!

Aber ich mag ja euch Menschen. Am liebsten hüpf' ich an euren Beinen hoch und streichle sie mit meinen Pfoten.
Meine eigentliche Sprach-Zunge ist mein Schwänzchen! Es ist auch ganz leicht zu verstehen.

- **Leichtes Schwanzwedeln:**
Hallo! Wie ich sehe, siehst du mich an. Du magst mich, nicht wahr?
- **Breites Schwanzwedeln:**
Das gefällt mir sehr! Ich mag dich! Auch wenn ich etwas grob spiele, ist es bloß ein Spaß.
- **Langsames Schwanzwedeln (auf Halbmast):**
Ich versuche, dich zu verstehen. Ich möchte gern wissen, was du meinst. Aber ich kann es mir noch nicht so genau vorstellen (wenn ich schneller wackle, hab' ich begriffen).

Hundeschwänzchen haben die gleiche Funktion wie das Lächeln von euch Menschen. Wenn ihr uns noch mehr verstehen wollt, rate ich euch zu einem Buch, das Herrchen immer liest: »Die Intelligenz der Hunde« von Psych.-Prof. Stanley Coren (352 S., 39,80 DM, Rowohlt).
Denn alle Probleme im Hundeleben sind meist nur Missverständnisse.

Wie bleibt ein Hund cool?

Es ist die Zeit der großen schwarzen, durchsichtigen Löcher, die ihr Zweibeiner »Schatten« nennt.
Wir Hunde verstehen nicht, wie sie entstehen. Aber wir wissen, dass sie kühler sind als der Rest. Es gibt sie unter Bäumen, neben Mauern, in großen Ecken, unter Tischen und in unseren großen Menschen-Hütten.
Wir Hunde lieben Hitze nicht, weil unser Fell ja nicht schwitzen kann (unsere einzige riesige Schwitzdrüse ist unsere lange schlappernde Zunge).
Wir wachen jeden Tag mit einem dicken Pelzmantel auf und beginnen zu hecheln (eure Deo-Sprays nützen uns ja nichts).
Bitte, bitte, liebe Menschen, seid cool zu uns Hunden:

- Füllt unsere Wassernäpfe oft auf!

- Lasst uns ins Wasser springen, z. B. Bäche, Flüsse, Seen oder Springbrunnen (wenn sie nicht zu tief sind).
- Lasst uns unter alle Tische kriechen.
- Wenn wir schon im Auto bleiben müssen, lasst unbedingt das Fenster eine Handbreit offen auf beiden Seiten, damit es durchzieht.
- Lasst uns an durchsichtigen Knochen lecken (Eiswürfel) oder an den guten runden Kugeln.
- Lasst die Balkontüre abends auf, damit wir uns in den Wind legen können.
- Lasst uns länger dösen als sonst.

Fazit: Stellt euch einfach vor, ihr hättet 4 Beine und wäret nur so hoch wie ein Bierkasten.

★ ★ ★

Eins der größten Rätsel: Können wir Hunde auch italienisch, griechisch oder spanisch bellen?
Selbstverständlich. Alle Hunde auf der Weit haben dieselbe Sprache (mit einigen Akzenten). Vielleicht klingt bei russischen Hunden das Wau eher wie Wodka, und italienische Hunde jaulen melodischer. Österreichische Dackel sollen sogar jodeln können.
Wir Hunde verstehen uns alle. Das könnt ihr Menschen von uns lernen …

Ich bin kein Single!

Seit 2 Wochen schwimmen Herrchen & Frauchen im Mittelmeer – Hochzeitsreise. Ich gönn' ihnen ihr Glück. Aber mein Herz wird immer einsamer, und meine Tage werden immer öder. Natürlich bin ich glücklich bei Schwiegerma. Ich laufe mit ihren 4 Hunden um die Wette. Ich springe in den Teich mit den schwimmenden Würstchen (Goldfische). Ich kriege Leberwurst satt.
Aber ist das ein Hundeleben?
Ich bin kein Single! Ich bin ein Rudelwesen. – Und meine Herde sind Frauchen und Herrchen. Nur zu dritt sind wir ein Ganzes.
Was fehlt mir am meisten?

- Sein schrubbeliges Gesicht mit den kratzigen Borsten, wenn er morgens aus seinem Körbchen kriecht und unverständlich mit mir spricht.
- Seine Hände, die mich kraulen und streicheln, bis ich kichern muss.
- Seine heimlichen »Leckerlis«, die er mir beim Essen immer unter den Tisch fallen lässt, ohne dass Frauchen was merkt (z. B. Spaghetti, Gulasch-Stücke).
- Seine tollpatschige Art, Stöckchen zu werfen. Er will immer weit schmeißen und schafft höchstens 10 Ruby-Längen – meist in die falsche Richtung.

● Die Güte von Frauchen, die mich manchmal schimpft und hungern lässt, aber nur, weil sie es gut meint mit mir.

● Ach, ist dieser Katalog lang …
Nachts schlafe ich in meinem Körbchen ein und träume von ihnen. Manchmal höre ich Herrchens Auto schon am Tor, und dann ist's doch ein anderer…
Aber ich muss nur noch dreimal aufwachen, dann sind sie da …

Warum kratzt ihr euch, wenn es uns juckt?

Flöhe? Jeder Hund hat ein Recht, sich zu kratzen! Ihr Menschen versteht nicht, dass Schmutz für uns wie Parfüm ist. Unsere Nase riecht 38 000-mal besser als eure. Wir können Gerüche aufsplittern, so wie ihr mit der Fernbedienung TV-Programme auswählt.
Ich liebe alten Fisch, Kuhmist, modrigen Schlamm, nasses Gras, weiche Muttererde und schmierige Stöckchen.
Herrchen versteht das.
Aber Frauchen! Sie hat einen Wischwahn. Ich muss jetzt immer meine Pfoten auf einer Matte abrubbeln, und danach werde ich mit einem grässlich sauberen Frottee-Tuch wie eine Mumie abgetrocknet. Mein Körbchen stinkt schon nach Sauberkeit wie eine Waschmaschine …

★★★

Weil's draußen so schön matschig ist, hab' ich jetzt auch Stöckchen- und Tennisball-Hausverbot!

● Mein gelber Ball ist schwarz, tropft und stinkt. Aber er ist für mich wie ein Kaugummi. Ihr Zweibeiner habt Fernsehen – und was hab' ich?

● Das Wichtigste in unserem Hundeleben sind Stöckchen: dicke, dünne, modrige, knisternde, auch splitternde …
Ich hab' ein Brett zerfressen und Splitter verschluckt. Ich musste mich auf unserem schönen Rasen übergeben (ein bisschen grünes Zeug). Aber was tut Frauchen? Sie konfisziert alle meine versteckten Stöckchen und wirft sie in die große Gummitonne, die so schön stinkt.

● Ein Hund ohne Stöckchen ist wie ein Würstchen ohne Senf. Ich bin zu meiner letzten Rettung gekrochen – zu Herrchen. Er ist so lieb und so blöd, dass er mir gleich wieder zwei Stöckchen vom Baum abgebrochen hat …
Aber Frauchen hat's gehört und hat ihn ausgeschimpft.
Dann haben wir alle Fernsehen geguckt und blöd geschaut.

★★★

Jetzt hat Herrchen auch noch einen Floh-Tick! Weil ich kein Stöckchen mehr habe, kratz' ich mich halt öfter. Aber er meint, ich hätte Läuse, Zecken oder Flöhe.

Er tröpfelt mir Öl hintern Kopf, auf den Rücken und den Schwanz. Ich rieche wie eine Sauna. Dann hat er auch noch Pillen für 40 Mark gekauft. Das Schlimmste: Frauchen grinst so komisch. O Graus: Sie will mich mit Floh-Shampoo ins Bad locken …

Ihr Menschen habt einen Reinigungs-Tick. Dabei weiß jeder Dermatologe (Hautarzt), dass zu viel Waschen für die Haut ungesund ist. Seid mutig, seid hündischer!

Das Fliegen-Massaker im »elektrischen Stuhl«

Es begann mit Herzklopfen – und wurde zum Horror.

Plötzlich summte und brummte es in unserer kleinen Bauernkate. Es war ein Mini-mini-Hund mit Flügelchen, fast unsichtbar – aber sehr kitzlig.

Es setzte sich auf mein Sofa und kroch langsam über meinen Schwanz auf meinen Rücken. Herrchen nannte es »Fliege«. Frauchen gab ihr den Namen »Susi«.

Ich mochte sie sehr. Wir spielten viel. Ich versuchte, sie mit der Tatze oder dem Maul zu schnappen – aber immer nur aus Spaß. Ich lasse die Hasen im Wald ja auch immer weglaufen …

Aber eines Tages brachte Susi Freunde mit. Die Freunde riefen andere Freunde herbei. In unserer Wohnküche summte und brummte es wie in einem Bienenkorb. Die Susis vermehrten sich wie Kaninchen. Herrchen ging nur mit fuchtelnden Händen durchs Häuschen.

Wir machten einen Schlachtplan: Er kaufte sich eine Fliegenklatsche, eine Moskito-Kerze – und ich bekam die »Lizenz zum Töten« …

Ich bellte, sprang, hüpfte, kratzte. Ich versteckte mich hinterm Sofa, lauerte überm Fressnapf – alles vergebens. Fliegen haben »Zeitlupen-Augen«, die jeden Angriff ahnen. Es war aussichtslos: Ich allein gegen 100 Susis.

Herrchen versteckte sich hinter seiner Kerze und schlug immer daneben. Es war eine summende Hölle.

Bis Frauchen von »Tchibo« kam. Sie hatte sich einen elektrischen Stuhl für Insekten gekauft (29,95 DM).

Ein geniales Ding. Es schaut aus wie eine durchsichtige Litfaßsäule mit 10 offenen Stockwerken, in die die Insekten reinfliegen können. Innen

glimmt eine blaue Elektrosäule, die ihnen einen sanften tödlichen Schlag verpasst. Dann sinken sie in einen kleinen Plastik-Friedhof.
Ich hab' kein grausames Herz. Ich bin auch gegen die Todesstrafe. Aber es gibt nichts Schöneres als frische, klare Luft ohne das brummend-summend-kitzelnde Geräusch von Susi.

Mein neues Leben auf dem Land

Guten Tag ...!« Oder besser: »Moin, moin ...!« Ich bin hier nämlich auf dem Land. Hier steht mein neues Körbchen. Die schönste Hundehütte der Welt. Warum habt ihr bloß Städte mit Hochhaus-Körbchen erfunden, wenn es doch das Land gibt ...?

Meine 5 wichtigsten Land-Vorteile:

- Hier ist Herrchen einfach genial! Er hat endlich Zeit zum Stöckchenwerfen. Hier trägt er nicht dieses bescheuerte graue Flanell-Fell mit der Seiden-Leine um den Hals. Hier hat er immer unkomplizierte Jeans an, die ich mit meinen Pfötchen schmutzig machen darf. Hier ist mein Herrchen einfach viel entspannter als in der Stadt. Hier schläft er morgens

länger (und ich als Schlaf-Komplize natürlich auch ...)!

- Auf dem Land gibt's überall kleine Parfüm-Bars. Ich brauche nur auf die Kuh-Wiese von Bauer Gosch zu laufen und finde die köstlichsten Stinke-Haufen zum Wälzen ... (Fies: Frauchen mag mein Land-Parfüm nicht und duscht mich immer danach! Nasenmäßig gehen unsere Geschmäcker total auseinander ... Aber Herrchen lieben wir beide.)
- Hier habe ich meinen eigenen Stöckchen-, Knochen- und Frisbee-Friedhof. Im Park in der Stadt ist mir das zu riskant, meinen Lieblings-Knochen zu vergraben. Dort wimmelt es von feindlichen Spürnasen. Aber auf dem Land kein Problem ... Hinter der Garage ruhen die großen Stöckchen. Am Haselnuss-Baum die Knochen. Und bei den Hortensien meine neue Frisbee-Scheibe aus Rindvieh-Haut. Frauchen war sauer, weil sie sie extra gekauft hat für mich, und nun ist sie weg! Aber doch nur, bis ich wiederkomme am nächsten Wochenende ...!
- Hier gibt es kein bescheuertes Büro. Hier darf ich immer draußen sein.
- Auf dem Land hat Herrchen eine kleine »Stöckchen-Verbrennungs-Maschine«. Er nennt sie Ka-

min, und es ist herrlich warm, wenn ich dort abends einschlafe.
Meine wichtigste Aufgabe auf dem Land ist: Herrchen und seinen Freund Thomas ins »Weiße Ross« zu begleiten! Und dafür zu sorgen, dass er rechtzeitig zum Abendbrot wieder bei Frauchen ist. Eine ganz, ganz schwierige Aufgabe ...!

★★★

Warum pflanzen die Menschen bloß keine Leberwürste...?
Schade, im Gemüsegarten wachsen nur Petersilie, Zwiebeln und Salat. Blöde! Ich würde Leberwürste pflanzen. Auf dem Bild Seite 80 halte ich Ausschau vom Stöckchen-Berg. Und auf dem Land habe ich eine Art Cabrio: Allerdings nur zum Schieben – Schubkarre (Seite 81).

★★★

Denken die, ich sei blöd?
Herrchen hat ein Gartentor bauen lassen – damit ich nicht vom Grundstück laufen kann. Mann, manchmal ist Herrchen wirklich etwas blöd: An der rechten Seite ist so viel Platz zwischen Kopfsteinpflaster und Tor – schwups, mach' ich mich zur Flunder und krieche unten durch ...

★★★

Komm mit in meine Riesenbadewanne – ins Meer!
Mein Land-Körbchen steht ganz in der Nähe des Meeres – die Ostsee! Abends geht Herrchen immer mit mir am Strand spazieren. Er schmeißt Stöckchen ins Wasser, und ich hol' sie wieder raus. Blöd, aber Herrchen freut sich jedes Mal ...

★★★

Mein Freund, Bauer Gosch ...
Peter! Peter Gosch, unser Nachbar. Er ist ein Klasse-Typ: hat riesige schwarzweiße Hunde, die nicht bellen, sondern muhen. Hier darf ich mit ihm Rasen mähen. Peter ist mein absoluter Lieblings-Knochen ... Einziges Problem: Er bellt plattdeutsch, Herrchen und ich verstehen ihn kaum ...

Grillfest: Vorsicht! Ihr verbrennt unsere Schnauzen!

Wenn's qualmt, beginnt für mich eine Art Schlaraffenland. Herrchen spielt dann »Steinzeitmensch«. Halb nackt schüttet er Holzkohle auf ein Blech und entfacht zärtlich Feuer. Eine graue Wolkensäule bohrt sich in den Himmel. Herrchen grillt …

Frauchen schmunzelt und nennt ihn voller Liebe: »Grill-Direktor«. Aber eigentlich verbrennt er nur Fleisch. Mein Job ist es, den laufenden Mülleimer zu spielen. Immer, wenn was anbrennt, darf ich mich als schweifwedelnder Ausputzer betätigen.

Aber Vorsicht!
Hier 5 Grill-Regeln für alle Hunde:

1. Grill-Würstchen sind eine Glüh-Falle. Frisch verbrannt vom Rost sind sie so heiß, dass unser Schnäuzchen anbrennt (denn wir Hunde kennen keine »warme« Nahrung, höchstens den wohligen Bauch einer Maus)!

2. Flügel und Schenkel von Hähnchen sind Rachen-Töter! Diese feinen Knochen können so splittern, dass wir sogar ersticken (Herrchen fieselt mir die Brust ab).

3. Spareribs sind eine Knochen-Falle. Nur große, robuste Hunde mit Riesenkiefer können sie zermalmen. Für kleine Hunde wie mich sind sie gefährlich.

4. Hunde-Augen sind größer als Hunde-Bäuche. Weil die Zweibeiner so viel schäumendes Wasser trinken, wächst ihr Herz, und vom Tisch plumpst eine Lawine von Grill-Abfällen. Stopp! Wer wie ein Abfalleimer frisst, dem wird schlecht.

5. Schwarze Würstl sind der Horror! Entweder sie sind total verbrannt, oder es sind – aus Versehen – grau glühende Kohlen! Pfoten weg.

Nur abraten kann ich von Salat (Mais, Avocados, Gurken, Tomaten) und Dressing-Soßen. Grauenhaft stinkt Weißbrot mit Knoblauch-Butter. Eklig ist angekohlte Hühnerhaut. Aber es riecht so gut. Und ein Hundeleben ist siebenmal kürzer als das eines Menschen …

Ich freu' mich schon wieder auf Samstag: Herrchen will experimentieren – mit Kokosnuss-Kohle.

Mein Freund: Der Roboter

Wir haben ein neues Schaf im Haus: Es ist grün, stinkt herrlich, bellt wie ein Auto und frisst Gras – ein Garten-Roboter.

Herrchens Bierfreund, der lustige Bauer Enno, hat ihn uns geschenkt. Herrchen hat erst gelacht, aber dann gestöhnt. Er schiebt den stinkenden Knatterer jetzt über unseren hügeligen Rasen. Weil ich ja keine Hände hab', sondern nur Pfoten, kann ich ihm leider nicht helfen. Ich leg' mich lieber danach auf das stachelige Gras. Das kitzelt so schön an Schnauze, Rücken und Po. Ach, wie schön ist doch ein Hunde-Leben …

Zu Besuch bei Bauer Enno. Weil er vier eifersüchtige Hunde hat, muss ich im Auto bleiben. Die Fenster sind zwar offen, aber es ist doch ein stickiges Gefängnis. Zwei Stunden muss ich warten, bis Herrchen kommt: Ich darf raus! Ich jage über den knirschenden Kies, bis ich die Herrin des Hofes seh': »Trixi«, ein edler, goldener Labrador – angekettet an der Kinderschaukel. Sie fletscht, bellt und beißt in die Luft. Mag sie mich nicht?

Plötzlich: Sie bäumt sich auf, zerrt und – peng – reißt sich los. Sie stürzt auf mich zu und – stoppt und schleckt! Sie kann mich riechen!

Wir haben gleich zusammen gespielt und Kaninchen gejagt. Herrchen und Enno waren so glücklich, dass sie ein kleines 5-Liter-Fass aufgemacht haben …

Ruby zieht in den Maulwurfs-Kampf. Als Geheimagent »00 Nase«!

Um sieben Uhr gehen Herrchen und ich Gassi. Die Sonne strahlt über die Ostsee, die Bäume zwitschern, und die Riesen-Hunde muhen. Herrchen gähnt – aber plötzlich der Schock …

Meine Adleraugen sehen es als Erstes. Ein Feind in unserem Garten!

Ein Schützengraben zieht sich quer über unseren frisch gesäten Rasen! Am Ende: ein Vulkanausbruch. Es muss ein unterirdischer Fuchs sein, der sich hier sein Nest gräbt.

Herrchen wird ernst. Er kniet sich zu mir herunter und salutiert: »Soldat Ruby. Sie müssen jetzt für das Rudel

in den Kampf ziehen. Als kommandierender Offizier der Familie erteile ich Ihnen die Lizenz zum Töten – Sie heißen jetzt 00 Nase.«

In mir rumoren die Gene meiner Urgroßväter. Denn ich habe das Blut von Jack Russells blutgierigen, bärenstarken Jagdhunden. Die graben sich durch Fuchsbauten und sind so stark, dass sie sogar Pferde ziehen können.

Ich wetze los. Ich stürze mich auf den Vulkan. Ich beiße die Spitze ab und lasse meine Pfoten wie ein Schaufelbaggler in die Tiefe rotieren – aber nichts.

Ich bewache jetzt den Vulkan, bis dieses fremde Wesen auftaucht.

Und dann? Ich muss ihm wohl den Kopf abbeißen.

Neue Hunde-Villa: Wo ich mich am liebsten verstecke

Ich glaube, Herrchen verzieht mich. Ich bin ein Hund ohne Statussymbole: Ich hab' ein ganz einfaches Schaumstoff-Körbchen. Ich hab' keinen Schmuck – nur drei Leder-Halsbänder. Ich hab' keine Kleider und fresse eigentlich alles. Am liebsten schlafe ich ganz nah bei Herrchen …

Aber jetzt wachte ich auf und ging mit ihm Gassi vor unserer kleinen Bauernkate. Plötzlich sah ich ein Monstrum: ein Mini-Bauernhaus mit Strohdach und eingebranntem Fachwerk – mit einem großen Loch drin.

Herrchen grinste: »Ruby, das ist dein neues Zuhause. Der gute alte Schreiner Franz hat sie für dich geschnitzt. Hier kannst du jetzt schlafen, dich verstecken und uns bewachen …«

Aber ich will gar nicht rein! Was soll ich mit so einer protzigen »Hunde-Villa« (außer ich kriege mal 10 Babys …)?

Spinnte Herrchen vielleicht? Will er mich in den Garten abschieben?

Ich bin ein Rudeltier. Meine Gene kleben wie »Uhu« an Frauchen und Herrchen. Wo sie sind, bin ich auch. Ich brauche ihre Wärme und das Pochen ihrer Herzen …

★★★

Aber ich habe auch meine Lieblings-Verstecke.

1. Den niedrigen hölzernen Couchtisch vorm Fernseher. Hier kann ich mich vor den Fliegen verstecken und trotzdem an Herrchens Zehen knabbern.

2. Den alten Sessel unter der Treppe. Hier stört mich niemand, aber trotzdem kann ich alles sehen.

3. Das Fußende von Herrchens Sofa (weiße Decke).

4. Das Fußende von Frauchens Sofa (grüne Decke, aber direkt vorm lauten Fernseher).

5. Mein Körbchen im Wohnzimmer (hier liegt mein zerfetzter Rex, geknotete Tampen, mein Zweit-Tennisball und ein Kau-Schuh aus Rinderhaut).

6. ... aber ich will nicht alle Verstecke verraten!

Mein bester Freund: Ein runder Vogel mit gelbem Fell

Auch Hunde haben Geheimnisse. Es stimmt, dass wir euch Menschen lieben, weil ihr so ein großes Herz und so einen großen Kühlschrank habt. Aber es gibt da noch andere Dinge, die unsere kleinen Herzchen höher schlagen lassen ... Ich habe einen neuen Knochen entdeckt: Er ist rund, hat ein gelbes Fell und kann fliegen wie ein

Gummi-Frosch. Die Menschen nennen ihn »Tennis-Bällchen«.

Ich habe 3 Stück: Einen fürs Wohnzimmer, einen für den Garten und einen im Büro. Immer, wenn es langweilig wird, beiße ich rein (er schmeckt so gut nach Hausschuh) und trotte damit zu Herrchen. Weil er so faul ist, muss ich den Ball auf die Couch legen, oder unter die Hängematte. Im Büro kullere ich ihn vor Herrchens Füße – und dann hypnotisier' ich ihn so lange, bis er mit mir spielt.

Am schönsten ist Herrchens Bogenwurf. Dann ploppt der Ball, und ich schnapp' ihn mir liegend in der Luft. Herrchen klappert dann mit seinen Pfoten und sagt: »Good dog!« (weil mein erstes Frauchen war ja Engländerin).

Einen Ball habe ich schon geschlachtet. Ich riss ihn mit meinen Eckzähnen auf – aber er war hohl. Herrchen hat gegrinst, weil er endlich Ruhe hatte. Ich habe den Gummi-Kadaver in mein Körbchen gelegt. Denn gute Freunde vergesse ich nie.

Jeden Abend muss ich in den großen elektronischen Kamin gucken, den ihr Fernseher nennt. Ich mag diesen Krach nicht. Aber ich kann ja mein Trommelfell wie eine Schleusentür zusperren und höre dann alles nur gedämpft. Deshalb sitze ich auch direkt vor dem TV auf Frauchens Beinen. Aber plötzlich säuselt Frauchen: »Ruby, nimm deine Ohren weg …!«

Ich habe wunderschöne spitze dreizackige schwarze Batman-Ohren, die meinen Kopf krönen. Was tun? Ich hüpfe auf Herrchens Sofa. Meist schläft er schon. Ich leg' mich dann einfach unter seine Fußdecke, lecke noch etwas seine Zehen und schlafe mit ein. Die Schlaf-Maschine hat funktioniert.

Wo ist Rubys Friedhof der Knochen?

Jeder hat einen Urinstinkt, dem er folgen muss.

Frauchen räumt gern. Herrchen trinkt gern schäumendes Wasser. Und ich muss alles vergraben, was wertvoll und essbar ist. Das ist ein Steinzeit-Reflex in mir. Ich muss bunkern …

★★★

Herrchen schenkte mir einen fliegenden UFO-Knochen: rund, ausgehöhlt, aus getrockneter Rinderhaut. Er nannte ihn »Frisbee«.

Herrchen schmiss ihn gegen den Wind. Er kreiste, segelte, schwebte. Ich jagte mein Schnäuzlein in 1 Meter Höhe und griff ihn mir! Weg war ich. Hinter die alte Bauernhütte; ab

in die Büsche, dort wo die Muttererde am weichsten ist, an meinem kleinen Friedhof der Knochen.
Nach einer Minute war ich wieder da. Herrchen schaute blöd. Es war bitter für ihn. Ich lächelte ihn mit meinem sandigen Gesicht mitleidig an: Geschenk ist Geschenk. Er suchte 10 Minuten. Meine Schatzkammer, gebaggert und verscharrt mit 4 PS (Pfotenstärken), ist sicher wie die Pyramiden.
Auch Hunde müssen Geheimnisse haben …

Wie finden wir Hunde unsere Verstecke?

1. Wir haben einen eingebauten Revier-Kompass im Hirn. Wir können uns noch nach Jahren Orte und Verstecke merken.
2. Unsere Nase ist ein Mikroskop der Düfte. Wir haben 220 Millionen Duft-Rezeptoren in der Schnauze, ihr Menschen habt höchstens 5 Millionen. Wir haben irrsinnig viel sensorische Membranen unter dem Stupsnäschen. Wenn man das Naseninnere ausbreiten würde wie eine Decke, wär' sie größer als die Hautoberfläche eines Hundes.

Ja, wir sind kleine Wunder.

Meine geheime Zeichensprache

Weil Herrchen nicht bellen kann, muss ich ihm mit einer geheimen Pfotensprache erklären, was ich will.

- Ich lege ihm die Pfote aufs Knie: »Beschäftige dich gefälligst mit mir!«
- Ich setze mich hin und hebe leicht die Vorderpfote hoch: »Ein Stresssignal. Ich bin ängstlich, fühle mich unwohl und besorgt.«
- Ich kauere mit ausgestreckten Vorderläufen und hochgestrecktem Po am Boden und gucke ihn an: »Lass uns spielen!«
- Ich wälze mich auf die Seite oder auf den Rücken: »Komm, wir wollen nicht streiten. Ich bin keine Bedrohung für dich. Ich akzeptiere, dass du hier das Sagen hast.«
- Ich lege mich auf den Rücken und reibe mich am Erdboden oder reibe mir mit der Vorderpfote das Gesicht: »Ich bin sehr zufrieden. Ich habe das beste Herrchen der Welt.«
- Ich kratze mit den Pfoten am Boden und reiße eine Grasnarbe aus. »Jeder soll sich merken, dass ich hier gewesen bin. Das ist meine Visitenkarte. Wir Hunde haben nämlich neben den Fußballen Drüsen, die einen einzigartigen Duft aussenden, wenn wir dran reiben.«

- Ich sträube die Haare auf Rücken und Schultern: »Ärgere mich nicht noch mehr, ich bin wütend.«
- Ich gähne: »Ich bin nicht erschöpft oder gelangweilt, sondern ich bin momentan angespannt, ängstlich oder nervös.«
- Ich richte meine Batman-Ohren auf, leicht nach vorne geneigt: »Das ist wirklich interessant. Das verstehe ich nicht.«
- Ich lege die Ohren leicht nach hinten: »Das gefällt mir gar nicht.«
- Wenn ich Herrchen direkt anstarre, Auge in Auge: »Für wen hältst du dich eigentlich?«

Ihr braucht euch keine Sorgen zu machen, dass wir euch nicht verstehen. Denn wie bei Babys ist unser passiver Wortschatz viel größer als der aktive. Wenn ihr unsere Körpersprache enträtselt, versteht ihr uns viel besser …

Ruby: Streichelt uns nicht – umarmt uns!

Meine Vergangenheit war düster und lieblos. Ich bin ein Waisen-Mischling, den böse Menschen ausgesetzt haben. Meine Baby-Monate verbrachte ich im kalten Tierheim. Deshalb bin ich ein Einzelhund – wie Millionen in Deutschland.

Aber Einzelhunde haben ein großes Zärtlichkeits-Defizit.

Weil ihr Menschen unsere Ersatz-Eltern seid, müsst ihr uns mit Liebe überhäufen …

★ ★ ★

Herrchen hab' ich schon dressiert. Wenn er vom Knochen-Verdienen nach Hause kommt, dreh' ich Liebes-Pirouetten, und er wirft sich auf mich wie ein Grislibär. Wir hüpfen dann aufs Sofa, und er knuddelt mich ganz lange: hinter meinen Batman-Ohren, unter meinem Doppelkinn, über meinen 10 kleinen Brüsten, sogar ein bisschen zwischen meinen Schenkeln …

Frauchen ist strenger. Aber wenn Herrchen weg ist, kuschelt sie auch heimlich mit mir. Sie streichelt mich ganz doll. Aber sie hat nicht Herrchens Ganzkörper-Massage.

Mein Rat: Ihr dürft eure Hunde nicht nur streicheln, ihr müsst sie mit beiden Händen umarmen.

Tierärzte wissen: Nur »systematisches Berühren des ganzen Hundekörpers« ist eine Nachahmung des Leckens und Berührens einer Hundemutter bei ihren Welpen (das ist natürlich bei einem Bernhardiner etwas schwer).

Wichtig: Achtet darauf, dass ihr euren Hund systematisch und täglich berührt. Nehmt den Kopf in beide Hände und streichelt die Ohren, Hals und Schnauze. Schaut ihm dabei in die Augen. Danach: Mit den Händen über Hals, Rücken, Flanken, Brustkorb und Vorderbeine streicheln. Am Schluss: Den Schwanz streicheln, den Kopf noch mal in die Hände nehmen und mit fröhlicher Stimme den Hundenamen sagen. Das sind 30 Sekunden, die euer Hund euch nie vergessen wird.

Warum ich nach einer Fressnacht grassüchtig werde wie eine Kuh ...

Wenn Herrchen abends sein dunkles, langes Halsband anzieht und verknotet, wird's brenzlig:

- Entweder sperrt er mich ein, und ich muss im Dunkeln wachen.
- Oder: Er nimmt mich mit auf eine Feier – als laufenden Mülleimer.

Zweibeiner meinen oft, dass sie Feste organisieren. Aber die eigentlichen Organisatoren sind wir Hunde.
Den letzten großen Hunde-Geburtstag hatten wir bei Frauchens Schwester (sie hat 4 Hunde). Je mehr schäumenden Saft ihr trinkt, desto größer wird euer Herz. Mein liebstes Festessen ist Fondue. Weil es so maulgerecht ist. Herrchen würfelt mir heimlich die Brocken zu: entweder verbrannt (darf er nicht essen) oder die rohen Reste (darf er auch nicht essen, weil er immer dicker wird). Aber nach so einer durchfressenen Nacht (dauert oft bis 2 Uhr früh) rumort mein Bäuchlein.
Eine geheimnisvolle Kraft zieht mich dann hinaus auf die Wiese. Und obwohl ich Gemüse hasse, werde ich plötzlich zur Kuh – und grase den Rasen ab. Ich sauge den Saft aus den Stängeln – weil da das Vitamin Folsäure drinsteckt, das meinen Magen beruhigt ...
Aber dann passiert's: Ich benehm' mich wie Prinzessin Diana – die Grashalme kommen alle wieder oben raus.
Tierärzte meinen: Das ist ein Zeichen für Magen-Darm-Verstimmung, weil ich zu wenig Ballaststoffe fresse (Hunde-Müsli, Karotten etc.). Vielleicht sollte ich doch vernünftiger werden? Aber Herrchen isst ja auch keine Bohnen (die will er mir immer andrehen). Sollte ich mehr Spaghetti essen, wie er?
Die einzige Quelle der Vernunft ist Frauchen – die wird aber auch immer dicker (denn ich krieg ja in 6 Wochen ein menschliches Brüderchen). Das wird ein Stress. Doch ich

werde ihn beschützen, als wär's mein Welpe. Denn ich habe ganz viel Mutter-Instinkt …

Ich lehre Herrchen, wie man joggt …

Wir werden alle drei zu dick: **1.** Frauchen sieht aus wie ein Walfisch, weil sie einen Welpen bekommt – in 5 Wochen bekomme ich ein menschliches Brüderchen.

2. Herrchen hat schon einen Hängeschwein-Bauch, weil er geistig schwanger ist und mir alle Spaghetti wegisst.

3. Ja, auch ich leide mit und habe ein Doppelkinn, weil ich immer die Schokoladen-Hülle von Herrchens Magnum-Eis aufessen muss. Außerdem füttert er mich jetzt schon morgens vorm Duschen.

Es musste etwas geschehen. Der Arzt hat Herrchen zum Joggen verurteilt: Und ich muss mit …

★★★

6.30 Uhr: Ob's regnet oder bibbert, ich muss aus dem Körbchen und Herrchen wachschlecken. Er hüpft dann in seinen Trainingsanzug und mummt sich ein wie ein Schifahrer. Er schaut aus wie Reinhold Messner auf Yeti-Jagd.

Im Auto geht's Richtung Sonnenaufgang zur Hundewiese an der Alster: Kein Hund da. Nur verrückte Zweibeiner, die keuchend im Kreis laufen. Herrchen hat ein strenges Programm: Er muss seine Knochen stretchen, dann laufen wir 30 Minuten, danach Gymnastik, z. B. Liegestützen.

Er ist ziemlich lachhaft. Aber ich tue ganz ernst und mache bewundernd mit. Er läuft so langsam wie eine Kuh. Und jedes Stöckchen, das er findet, nutzt er zu einer langen Pause, um mit mir zu spielen. Es gibt auch viele fremde Frauchen. Aber er ist zu erschöpft, um das zu merken.

Wenn er total fertig ist, spiele ich mit streunenden Wildhunden, Mischlingen oder Golden Retrievern (die reichen Hunde kommen etwas später).

Herrchen knurrt, grummelt und hechelt. Aber am Schluss ist er stolz, dass er wie ein Hund gelaufen ist.

Als Belohnung geht's dann ins Café Funkeck. Da wartet das lächelnde Frauchen. Er kriegt 2 Eier im Glas und ich eine Scheibe Wurst. Danach werde ich ausgeschimpft, weil ich so schmutzig bin. Dann muss ich unter die heiße Dusche und werde eingeschäumt.

Aber für Herrchen leide ich gern …

Hilfe, Frauchen klaut unsere Laubhaufen!

Unser Garten ist braun. Weil die Erde friert, fallen Blätter von den Bäumen und decken sie schön warm zu. Sie riechen süß und modrig. Und wenn ich mit Herrchen Gassi gehe, werfen wir immer die Blätter mit unseren Pfoten in die Luft und lachen.

Bis Frauchen in die Garage ging – und mit zwei Rechen zurückkam (Gott sei Dank habe ich keine Hände).

Mein Herrchen wurde zum Laub-Sklaven, weil Frauchen einen Aufräum-Tick hat – sogar in der freien Natur!

Herrchen hat geknurrt und sich gefügt, mit brummendem Kopf (weil er Samstagnacht viel schäumendes Wasser aus dem Eisschrank gezapft hat). Meine Menschen haben kleine Pyramiden gebaut mit meinem Laub, auf denen man so herrlich Bächlein machen kann, ohne dass es jemand merkt.

Das arme Herrchen musste die Schubkarre und meinen gelben Ikea-Swimmingpool (18 Mark) holen und mit Laub füllen. Dann schickte uns Frauchen wie eine Karawane zum Misthaufen bei unserem Nachbarn Bauer Gosch.

Da stinkt es herrlich. Herrchen hielt sich die Nase zu, aber ich wälzte mich in dem Mist, bis er schrie …

(Wir Hunde lieben Gestank. Wir sind Allesfresser, also auch Aasverwerter. Und wir lieben es, uns mit Fremdgestank zu tarnen – ein Reflex aus der Steinzeit.)

Die Stimmung war mies: Herrchen war sauer, ich stank, und Frauchen wollte nicht aufhören, Laub zu rechen.

Herrchen legte sich in die Hängematte, ich kuschelte mich drunter – und wir lauschten dem Kratzen des einsamen Rechens.

Unser Standpunkt ist: Laub ist Natur. Es ist sinnlos, es wegzurechen, weil der Wind es wieder hinweht. Wenn die Bäume kahl sind, kommt das Laub von den Nachbarn. Also ist Laubrechen Quatsch.

Herrchen murmelte was von: »Jetzt kauf' ich mir einen Laubsauger …« Er liebt alles, was mit Automatik zu tun hat.

Frauchen hat mich dann wieder geduscht, und wir haben uns alle vertragen.

Am Morgen haben Herrchen und ich dann viel gelacht. Denn über Nacht war wieder Laub vom Himmel gefallen …

»Baby-Dorf«: Wir kaufen ein Himmel-Körbchen für mein Brüderchen

Bald werden wir vier. Nie war Frauchen glücklicher und Herrchen nervöser. Sie ist rund wie ein Walfisch, und er eigentlich auch. In drei Wochen bekommen wir einen menschlichen Welpen – ein Brüderchen für mich.

Alle haben Angst, ich nicht.

Herrchen untersucht immer meine Krallen, prüft die Bissfähigkeit meiner Zähne und murmelt etwas von Maulkorb. Frauchen sagte sogar in einem unüberlegten Augenblick: »Wenn Ruby gefährlich wird, muss sie weg …«

So ein Quatsch. Ich bin einer der liebsten Hunde Deutschlands. Ich habe noch nie einen Briefträger gebissen und nur einmal Herrchens Nase aufgeritzt.

Am wichtigsten: Ich bin eine Frau – eine Mutter ohne Kinder (leider). Deshalb ist mein Herz so groß, dass es fast schon an den Ohren rausläuft.

Ich habe einen eingebauten Mutter-Schutzinstinkt. Ich werde mein Baby-Brüderchen beschützen wie eine Schatzkiste. Nie werde ich kratzen, nie nagen, nie schlecken. Aber ich werde immer da sein, wenn Herrchen junior mich braucht, z. B. zum Streicheln.

★★★

Ich durfte jetzt mit ins »Baby-Dorf«. Ein Schlaraffenland für Schwangere. Es gibt Körbchen mit Rädern, Körbchen zum Wippen, Körbchen zum Aufhängen und zum Tragen.

Ich durfte überall rumschnüffeln, und keiner hat geschimpft. Frauchen kaufte viele Strampel-Kleiderchen, in die ich auch reinpassen würde. Herrchen war nur in der Technik-Abteilung. Er ist Familien-Beauftragter für das Baby-Phone.

Es tapsten auch einige Menschen-Zwerge herum. Und viele »Walfisch-Mütter«. Aber alle hatten mich lieb und streichelten mich.

Wir haben dann ein blaues Körbchen mit Baldachin gekauft, das größer ist als meine Hütte. Und ein Bärchen-Karussell (übers Bettchen). Und eine Kasperl-Mütze. Und einen Teddybären, der singt, und und und.

Unser Auto war so voll, dass ich vorn auf Herrchens Schoß sitzen durfte. Er hat gelächelt und gefragt: »Ruby, du bist doch nicht eifersüchtig?«

Ich hab' gegrinst und mit dem Schwanz geschüttelt. Ich brauche keine weltlichen Güter – sondern

nur die Liebe, auch wenn sie jetzt halbiert ist …

Wie ich Herrchen die größte Freude mache

Einer meiner Lebenszwecke ist es, Herrchen Freude zu bereiten. Das ist leicht. Ich bin sein Mix aus Muse, knuddligem Teddybär und Wärmflasche, die man streicheln kann.
Weil mein Chef viele Knochen verdienen muss, warte ich ab 18 Uhr auf ihn. Mein Lieblingsplatz ist der Teppich vor der Tür. Ich fahr' meine Batman-Ohren aus und lausche. Ich kenne die Klangfolge seiner Ankunft: das Knurren des Mercedes, das Reifenquietschen (weil er nicht einparken kann), das Einrasten der Handbremse und den Klang der Autotür, die zufällt wie ein Eisschrank. Das ist das Signal. Ich belle so laut, dass alle Nachbarn schimpfen und mir Frauchen genervt und schreiend die Tür aufmacht: »Sei still, Ruby, such Herrchen … «
Ich wetze dann wie ein Pfeil zur Straße: Da steht er, gebeugt vom Tag, immer ein Bündel Papier unterm Arm, sein Halsband hat er aufgeknotet, und wir lächeln …
Ich habe eine Choreografie der Begrüßung:

Begrüßungen

1. Freuden-Pirouetten drehen und leises, helles Bellen (Herrchen dreht sich dann auch ein- oder zweimal, bis ihm schwindlig wird).
2. Hoch springen und in den Ärmel beißen.
3. Knabbern an seiner Hand.
4. Finger abschlecken.
5. Auf 2 Pfoten stehen und mich von ihm kraulen lassen (er grabscht gern an meine 10 kleinen Busen).

Dann gehen wir Pfote in Pfote rein zu Frauchen, und es riecht schon köstlich – nach Nudeln mit Fleischsoße, Knödeln mit Ente oder Hähnchen mit Pommes (mein Herrchen ist Bayer und mag nur deftige Hausmannskost).
Wir spielen dann noch ein bisschen Teddybär-Fangen, laufen um den Esstisch oder kraulen uns in der Küche, wenn er sein eisiges, schäumendes Wasser trinkt.
Danach teilen wir uns den Festbraten: Frauchen bekommt das Beste und Leichteste, Herrchen isst alles, was dick macht, und ich krieg' später den Rest.
Danach gucken wir zu dritt Fernse-

hen, bis es Zeit wird für unsere Körbchen.
Wenn es dunkel ist, danke ich dem großen Hund im Himmel, dass ich ein so liebes Herrchen & Frauchen hab'.

Auto-Unfall: Wie mein bester Freund dem Tod von der Schippe sprang …

Ich bin jetzt ein Sträfling. In Frauchens Kombi sitz' ich hinter einem Gitter wie in einer fahrbaren Zelle (aber ich hab' meinen eigenen Eingang).
Sie meint es gut: »Rubylein, das ist dein neues Reich. Du musst das jetzt schon üben. – Denn wenn das Baby kommt, darfst du mit deinen spitzen Krallen nicht mehr auf die Hintersitze springen! Verstehst du das?«
Ach, ihr Menschen! Wir Hunde haben so viel Instinkt und Herz wie ein ganzer Zoo. Wir würden einen menschlichen Welpen nie verletzen. Wir lieben euch doch alle! Aber wenn es euch beruhigt, dann kuschel ich mich halt in meinen Käfig …
Frauchen hatte ein schlechtes Gewissen und schenkte mir ein molliges Schafsfell …

★★★

Weil ich eine Einzel-Hündin bin, habe ich eine genetisch tiefe Sehnsucht nach einem Mann, einem Macho. Mit einem Wort: nach »Flachs«. Er ist ein großer, starker Schäferhund-Mischling und mein bester Freund.
Wenn wir zu ihm fahren, kenne ich jede Abbiegung. Er wohnt auf einem Reiterhof mit zwei alten, kranken Freundinnen. Wenn er mich hört, hüpft er fast über den Zaun. Wir beißen uns dann zärtlich in den Hals und rennen parallel den Reitparcours entlang – wie Dick & Doof, nur schneller.
Aber fast wären wir in den Tod gelaufen …
Ein junger, frecher Mensch in einer kleinen Blechbüchse raste den Feldweg hoch:
Rummmmms! Ein Kotflügel hatte Flachs gerammt und in die Luft geschleudert!
Wie ein Katze landete er auf hinkenden Füßen, jaulte, konnte aber noch laufen.
Was für ein toller Mann! Mit Muskeln, mit einem Body wie Schwarzenegger. Ich habe ihn gleich abgeschleckt und mich zwischen seine großen Beine gekuschelt wie ein Hufeisen.

Der böse Mensch ist einfach weitergefahren.
Wenn Menschen nicht aufpassen, müssen wir Hunde das eben tun. Aber ihr solltet nicht nur unser Fell streicheln, sondern auch eure Bremse, nicht nur wenn ihr Kinder, sondern auch Hunde in der Nähe der Straße seht. Denn sonst gibt's mich bald nicht mehr …

Ich hab' mich mal wieder verliebt …

Er ist viermal so groß wie ich. Sein Haar ist golden (Typ: Carlo Thränhardt). Er heißt »Purdey« (nach einer britischen Jagdflinte).
Es war Liebe auf das 3. Wuff:
1. Sonnenaufgang an der Alster. Er kam mit seinem eleganten Herrchen und war ganz Gentleman. Kein Macho-Geschnüffel, sondern ein zärtliches, distanziertes Annäherungs-Schnuppern.
2. Wiedersehen auf Sylt. Er hat eine Traum-Hütte am Watt. Er bot mir sofort das Sofa an. Wir spielten einen ganzen Nachmittag. Und ich durfte in seinem Revier rumtollen wie ein uralter Freund.
3. Besuch in unseren alten Bauernhütte an der Ostsee. Er schnappte sich gleich meinen zerrissenen Stoff-»Rex« und biss hinein. Ich fand das ein bisschen frech. Ich knurrte. Er lächelte und kaute weiter. Typisch Mann. Er hätte mich doch fragen können?! Ich wurde giftig. Unterm Tisch kam's zum Eklat: Er holte mit seiner Tatze aus und langte mir eine – natürlich zärtlich …
Zuerst war ich sauer, innerlich verletzt. Aber ich fühlte mich auch zu diesem Kraftbolzen hingezogen: Ein Mann muss eine Meinung haben und einen Standpunkt. Purdey ist ein Hund, zu dem man als Frau aufblicken kann. **Aber:** Irgendwie hatte unsere junge Liebe einen Knacks.
Eine Woche später: Die Frau Postbotin, die ich noch nie gebissen habe, brachte eine große Karte – von Purdey. Und noch eine …

★★★

Frauchen hat geworfen! Mein menschliches Welpen-Brüderchen ist da. Sein Zimmerchen platzt schon: Überall Stoffbären, Hasen, Schafe – sogar eine Riesen-Sau. Bei uns sieht's aus wie im Zoo! Hoffentlich nimmt Herrchen jr. mir nicht meine Bärchen weg. Ich versteck' sie vielleicht besser hinter den Vorhängen. Oder soll ich sie verbuddeln?
Trotzdem freu' ich mich schon sehr. Endlich sind wir zu viert – 2 Frauen und 2 Männer.

Papas »Prinz« ist da: Herrchen junior!

Mein Schwänzchen hat gewirbelt wie ein Tornado. Ein Menschen-Welpe wurde in unsere Familie geboren – ein fast biblisches Ereignis.
Frauchen lag im Körbchen. Herrchen hypnotisierte ihren Walfisch-Bauch. Ich guckte nervös, aber auch leise gähnend zu, weil ich weiß, dass die Natur schon alles richtig macht.
Mitternacht – Geisterstunde: Plötzlich juchsendes Gestöhne! Das Baby hatte von innen angeklopft. Herrchen schwitzte. Frauchen lächelte. Sie blickten mich an, streichelten meine Ohren – und weg waren sie …
Ich schaute melancholisch aus dem Fenster. Das Auto verschwand im Regen. Leider haben Hunde Klinik-Verbot. Sonst hätte ich Frauchen die Pfote gehalten. Aber mein kleines Herz pumperte mit. Ich legte meine Pfoten zusammen und guckte hoch zum lieben Hund im Himmel …

★★★

Als mein menschliches Brüderchen geboren wurde (17.17 Uhr) saß ich allein im Auto vor der Klinik. Ich spürte, dass da was Großes passierte. Denn Herrchens Kumpel Kai kam mit Rosen und berichtete mir alles:
»Er heißt David Ben, wiegt 4050 Gramm, ist 55 cm lang, sieht aus wie ein kleiner Kanzler oder Kardinal. Du wirst ihn lieben. Und er stinkt herrlich.«
Ich habe ihn schon jetzt ganz lieb. Endlich habe ich ein Wesen, das ich beschützen kann. Und meine großen Menschen brauchen keine Angst zu haben, dass meine kralligen Pfoten oder meine nasse Zunge gefährlich sind für Herrchen-Junior.
Ein kleiner Prinz wurde in unsere Familie geboren. Wir sind jetzt zu viert. Denn ich habe auch mitgeholfen. Ich bin unheimlich stolz, weil ich Herrchen immer gebellt habe, er soll zu Frauchen noch lieber sein als zu mir …

★★★

Ich mache jetzt Zwangs-Ferien bei Schwiegermama. Sie hat mir ein Spucktuch von Mini-Herrchen ins Körbchen gelegt. Es riecht zauberhaft, unschuldig, und ein bisschen stinkt's auch. Ach, wie gern wär ich auch Mama …

Mein neuer Job: Baby-Bodyguard

Aus unserer Hütte ist eine Idylle geflohen: die Stille.

Herrchen brummelte nur, Frauchen sprach mit sich selbst, mein Spitzname war »Stummi«. So lebten wir friedlich, und die Stille wurde nur vom Knistern des Kamins unterbrochen.

Bis …

Bis Herrchen junior, mein menschliches Brüderchen, in unser Leben schrie – gellend! Sein kleines Schnäuzchen ist dezent wie eine Schiffs-Sirene. Selbst unsere Nachbar-Kühe zucken zusammen, wenn unser neuer Mini-Boss Hunger hat. Aber jeder Schrei trifft auch mein kleines Herz. Ich weiß ja nicht, wie ich Tier helfen kann? Herrchen senior kratzt sich ratlos wie immer. Nur Frauchen schmunzelt und öffnet ihre Bluse. Plötzlich schleicht sich wieder fast biblische Idylle in unser Bauernhäuschen. Danach schlafen wir glücklich 4 Stunden lang, bis …

★★★

Mein neuer Job ist Baby-Bodyguard. Ich bin stolz auf meine Pflichten:

1. Kein Fremder darf seine ungewaschene Pfote in Mini-Herrchens Wiege legen.

2. Es darf keinen Hund neben mir geben (keiner darf ihn abschlecken, auch »Flachs« und »Purdey« nicht).

3. Wenn er schläft, muss ich ihn bewachen wie einen Riesenknochen.

4. Beim Spazieren-Fahren in seinem Körbchen auf Rädern (hätte ich auch gern) dürfen keine Menschen in sein Gesicht hauchen. Ich muss sie wegknurren.

5. Ich muss ganz, ganz lieb sein! Ich darf nie kratzen oder knabbern. Er ist quasi mein kleiner Adoptiv-Mensch. Nur schade, dass er noch nicht bellen kann oder deutsch spricht. Denn ich verstehe ja schon 60 Menschen-Worte.

★★★

Ein Schatten fällt auf unsere Idylle: Herrchens verbale Untreue.

Wenn er den Junior streichelt (wie mich früher), plumpsen aus seinem schnutigen Mund die Liebes-Worte, die er sonst nur für mich hatte, z. B.: »Brav!«, »Rubsel …«, »Mein Stummi«, »Good Baby«.

Er hat noch keine Baby-Sprache entwickelt. Deshalb klaut er unser Liebes-Geflüster. Aber ein Hund kann verzeihen. Denn auf diese Weise spricht er auch zu mir. Deshalb liebe ich beide Herrchen …

Der schönste Geburtstag meines Lebens

Weil ich ein Findelkind bin, weiß keiner, wann ich genau geboren bin.
Deshalb hat Herrchen den Nikolaus als meinen Geburtstag bestimmt – damit er ihn nie vergisst (und ich auch nicht).

★★★

Ich hab' es natürlich gemerkt, als er sich nachts an mein Körbchen schlich und einen roten Plastikstiefel neben meinen schlafenden Kopf stellte. Auch bei Frauchen stand einer – und natürlich auch neben der Wiege von unserem neuen Mini-Herrchen (3 Wochen alt). Ich schnupperte an dem knisternden goldenen Päckchen, das rausragte – und es roch wunderschön. Dann bin ich wieder eingeschlafen …

★★★

Bescherung: Weil Mini-Herrchen geschrien hatte, sind wir alle um 5 Uhr aufgestanden. Maxi-Herrchen hat gleich den Adventskranz angezündet, und wir vier haben uns alle umarmt.
Weil ich mit meinen Pfoten keine Pakete aufmachen kann, zog mein Boss das Geschenk aus dem Stiefel und schmiss es in die Luft. Ich grub meine Hauer in das duftende Etwas und schüttelte es so lange, bis ich erkannte, was es ist: ein Plüsch-Tiger mit Geschmacks-Knospen im Bauch (aus New York, »Origins«).
Ich habe ihn gleich in mein Körbchen gezogen und mein Kinn drauf gelegt. Ab jetzt schlaf ich nicht mehr allein …

★★★

Wir leiden leider unter permanenter Schlaflosigkeit. Es ist eine Art Schlaffolter aus Liebe. Frauchen muss alle 3–4 Stunden aufstehen, um das schreiende Mini-Herrchen zu stillen. Danach muss Herrchen wie ein Kamel im Kreis gehen und das Baby zärtlich schüttelnd schultern. Er versucht, es dabei zu hypnotisieren, und brummelt etwas von »Schlaf, David, schlaf, der Papa ist ein Schaf«. 2. Strophe: »Frauchen ist auch ein Schaf.« 3. Strophe: »Ruby ist auch ein Schaf.«
Aus Solidarität geh' ich mit im Kreis. Nach spätestens 2 Stunden ist er eingeschlafen …

★★★

Ich studiere mein menschliches Brüderchen sehr genau. Seine Grimassen sind ein Phänomen. Die lamm-

fromme Fratze verzieht sich blitzartig wie Dr. Jekyll & Mr. Hyde. Aus einem Baby wird ein Monster. Es schreit wie 3 Schafsherden unter der Folter. Gott sei Dank kann ich mein Trommelfell zuschließen wie eine Tür. Ich höre dann nur gedämpfte Laute. Aber ich verstehe Herrchen, wenn er mich weinend streichelt und flüstert: »Du weißt gar nicht, wie lieb ich dich hab' …«

Wer sieht besser? Herrchen oder ich?

Weil Mini-Herrchen so schreit, büxen Maxi-Herrchen und ich jetzt immer öfter aus.

Wir spielen dann in der Dämmerung auf unserem neuen Rasen Stöckchen und Tennisball.

Ich muss sehr lachen, weil Herrchen ja schon 42 ist und auch immer dicker wird. Und werfen kann er überhaupt nicht. Aber er versucht's:

- Wie eine Handgranate schmeißt er einen gelben Tennisball über den Baum und trifft meist die Hecke.
- Mein Problem: Er wirft so hoch, dass ich nichts sehe. Auf 2 Pfoten wie ein Pinguin muss ich denn in die Hecke tauchen und mit meiner Schnauze den Ball wittern und aus den kleinen Ästen pflücken (und Frauchen schimpft).
- Stöckchen-Werfen kann Herrchen auch nicht. Er holt in eine Richtung aus, ich rase los, er wirft, der Ast flutscht ihm weg und landet im Maschendraht des Zauns. So kann man nicht spielen.

Ich muss Herrchen mal aufklären über meine Augen:

1. Ich sehe so gut wie Menschen, in der Dämmerung und nachts sogar besser.

2. Ich kann bis 150 m scharf sehen, aber nur, wenn sich etwas bewegt.

3. Meine Augen können sich fokussieren wie ein Fernglas. Nur ganz so scharf sehe ich nicht.

4. Die ideale Distanz für mich ist 3 bis 4 m (ich registriere Gegenstände zweidimensional). Wenn Herrchen weiter weg ist, verwechsele ich ihn manchmal, weil auch andere Menschen ein seidenes Halsband um ihren Kragen haben).

5. Ich kann auch Farben sehen und nicht nur schwarz-weiß-grau. Ich erkenne rot und blau. Aber ich bin farbenblind bei grün, gelb und orange.

6. Das Wichtigste: Ich habe Jäger-Augen, das heißt, ich erkenne alles, was in Bewegung ist – durch mein peripheres Sehen (ich hab' eine Art Panorama-Blick). Aber ich erkenne sehr schlecht tote Gegenstände, die sich z. B. im Gras verstecken, ohne sich zu rühren.

7. Aber ich schaue auch mit meiner Nase und meinen Ohren. Wenn ein Bällchen oder Stöckchen aufschlägt, kann ich in einer Hundertstel-Sekunde feststellen, wo das Geräusch herkommt.

8. Mein wichtigstes Organ aber ist die Nase, ein Duft-Computer mit Messfühler, der via Riech-Schleimhaut mit 220 Millionen Zellen alle Duft-Moleküle spalten und analysieren kann.

Mein Rat an alle Herrchen: Bewegt euch, hüpft, rudert mit den Armen und schwitzt viel, damit ich euren Gestank erschnuppern kann. Denn wer sich liebt, der riecht sich …

Wir gehen Christbaum schlachten

Samstag ist der schönste Tag der Woche, denn dann gehört Herrchen ganz allein mir.

Ich darf ihn aus dem Bett schmeißen, wann ich will (ca. 8 Uhr, weil's jetzt so lange dunkel ist). Dann muss er mit mir catchen, meinen Bauch kraulen und meine Batman-Ohren massieren.

Danach ärgern wir zu zweit Frauchen und gucken nach meinem Brüderchen: Herrchen junior (6 Wochen alt, kann leider noch nicht sprechen). Dann laufen wir in den Garten und spielen Tennisball & Stöckchen, bis Herrchen keucht.

Am liebsten verstecken wir uns im Sofa und dösen in den Tag. Bis uns Frauchen findet …

★ ★ ★

Ihr Befehl hallte durch unser Bauernhäuschen: »Alle aufstehen! Alle anziehen! Wir gehen jetzt in den Wald und suchen uns einen Christbaum!«

Es war bitterkalt. Herrchen murrte: »Gibt's denn da einen Glühwein?«

Dann schlüpften sie in ihre Daunenjacken, und ich bekam nur das große, dicke Halsband an (aber ich hab' schon den doppelt dicken Winterpelz, nur meine Ohren frieren).

Dann sprangen wir alle ins Auto (auch der kleine Erbe mit Zipfelmütze wurde eingepackt). Wir hielten auf einer Art Friedhof der Bäume. Viele Menschen stampften mit keuchendem Atem durch den Wald und zogen geschlachtete Christbäume hinter sich her.

Es ist ein Sklavenmarkt der Natur. Jeder kann sich einen Baum kaufen und selbst den Kopf absägen. Ihr seid schon ziemlich grausam (wir pinkeln ja nur an den Stamm).

Frauchen suchte. Herrchen bestellte in der Kneipe Glühwein (da waren die meisten Menschen). Und ich? Herrchen schmunzelte: »Ruby

darf wählen! Wo sie stehen bleibt, den Baum nehmen wir.«
Ich lief nach ganz weit hinten. Bis ich an eine Lichtung kam, wo ich den schönsten Baum der Welt sah: eine ca. 3 m hohe Fichte. Ich stellte mich drunter und wackelte mit dem Schwanz. Frauchen strahlte. Herrchen stöhnte und nahm die Säge. Es dauerte fast eine halbe Stunde. Die Stacheln piksten Herrchen (er hatte seine Handschuhe vergessen). Aber Freunde halfen ihm. Zu viert stießen sie den Baum um. Dann schleppten sie ihn an den Zweigen zum Auto.
Aber er war zu groß!
Was tun? Frauchen flirtete mit dem Förster. Der holte seinen Anhänger und fuhr mit ihr weg.
Herrchen und ich trollten uns zum Glühweinstand …

Der schönste Abend des Jahres: Der Christhund war da

Die Luft roch nach Glühwein. Der kleine Kamin knisterte. Die große Fichte leuchtete mit Bienenwachskerzen. Und ein riesiger Berg bunter Päckchen wartete auf meine Zähne …
Heiligabend: Da kommt für uns Hunde der Christhund. Keiner kennt ihn genau. Er soll einen großen Bart haben, und vier Bernhardiner sollen ihn über den Himmel ziehen. Und jeder Hund, der gut war und brav, wird beschenkt.
War ich brav 1996?
Ich habe Frauchen und Herrchen ganz, ganz lieb gehabt.

- Ich habe mein menschliches Baby-Brüderchen beschützt, als wäre es mein eigener Welpe.
- Ich habe alle Essensreste, die mir Herrchen aufgedrängt hat, aufgefressen.
- Ich habe alle meine Knochen und Stöckchen im Garten vergraben.
- Ich putze immer meine Pfoten, bevor ich ins Haus laufe (na ja, nicht immer).
- Ich hab' mich vielleicht zu oft im Misthaufen von Bauer Gosch gewälzt (aber das ist nun mal meine Natur).

Fazit: Ich bin der liebste Hund an der Ostsee!

★ ★ ★

Bescherung: Alle meine Menschen haben sich umarmt, hatten Tränen in den Augen und Wein in den Händen.
Ich lag an meinem Stammplatz unterm Tisch (Gans) und wackelte mit meinem Schwanz.

Plötzlich füllte sich unser kleines Bauernhäuschen mit der weichen, brummigen Stimme meines Herrchens: »Rubylein? Pack dein Geschenk aus …«

Er hielt eine große rote Kiste in der Hand, Ich sprang hoch, grub meine Zähne in die Schleife und schüttelte es wie eine tote, stinkende Maus – bis knisternd die Fetzen flogen.

Ich hatte es schon beim ersten Biss erkannt: ein neues Körbchen, weich wie ein Himmelbett.

Ein bisschen enttäuscht war ich schon, aber ich hab' mir nichts anmerken lassen. Herrchens Augen funkelten: »Das ist ein neues Autokörbchen, damit du nie mehr frierst.« Ich habe ihn geschleckt und ihn angegrinst. Danach sind wir zwei zum Tisch gegangen und haben alles aufgegessen, was da war. Bis ihm und mir schlecht war (so ist es jedes Jahr). Dann haben wir uns mit den Pfoten umarmt, und jeder ist in sein Körbchen.

Das Nächste, was ich gehört habe, war der Schrei einer gefolterten Schafsherde. Herrchen junior war um ein Uhr früh wach geworden, und jetzt musste Frauchen ran. Unter das Baby-Geschrei mischte sich das Schnarchen von Maxi-Herrchen …

Minus 10 Grad: Ich fahre Schlittschuh auf der Ostsee

Ich wachte 1997 als Erster auf – weil ich kein blubberndes Wasser getrunken hatte. Ich sprang in Herrchens Bett und kraulte ihn an seinem Fell am Kopf. Er knurrte und stöhnte – wie jedes Jahr. Er hatte wieder zu viel Henkel gehoben, weil er immer so viel Durst hat. Aber der Tag war so schön draußen. Der Schnee lag glitzernd wie Zucker im Garten. Und in der Ferne schimmerte die eingefrorene Ostsee.

Nur Frauchen juchzte: »Wir gehen jetzt alle an den Strand!« (Seit sie Herrchen jr. zur Welt gebracht hat, ist sie erschreckend nüchtern geworden).

★ ★ ★

Unsere Familien-Karawane setzte sich in Bewegung: Die Luft war herrlich frisch und klar. Und Herrchen schmiss ein Stöckchen wirbelnd an das zugefrorene Ufer der Ostsee. Ich hechtete hinterher – und rutschte aus! Meine Krallen liefen Schlittschuh. Ich schlitterte auf dem Popo über die knirschende Oberfläche.

Plötzlich brach ich ein – mit einer Pfote.

Herrchen schrie. Wie Schwarzeneg-

ger stampfte er in seinen neuen Gummistiefeln auf mich zu. Rauch kam aus seinem Maul. Seine Tatzen wedelten. Und weil er 20-mal so viel wiegt wie ich, krachte er durchs Eis – aber es war nur 5 cm tief.
Die anderen Menschen lachten mein Herrchen aus, weil er mich so liebt wie ein Kind.
Aber er kann auch über sich selbst lachen.
Danach tranken wir alle duftenden Glühwein. Nur mein Fell fror, weil es nass war am Po. Unser Baby hat einen Strampelanzug aus Daunen. Aber ich?
Herrchen spürte, wie ich zitterte. Ich bekam seine Steppjacke, die er zu Weihnachten gekriegt hatte, und durfte mir am Boden ein Nest machen. In der Hafenkneipe war es so schön warm, dass ich einschlief.

Hilfe! Ich krieg' ein Wolkenkratzer-Körbchen!

Klar habe ich meinen neuen »Bruder«, Baby David Ben, lieb. Aber eines muss ich mal ehrlich sagen: Als ich in diese kleine Familie von Herrchen und Frauchen kam, wurde nicht so viel Theater darum gemacht. Menschen-Welpen sind ja furchtbar empfindlich …
Frauchen hat für mich nur einen Flausch-Korb, ein Halsband, eine Leine und einen Napf gekauft – das war es auch schon. Aber Baby David Ben hat mindestens 6 Körbchen. Einen nennen sie Wiege, eines Bett, eines ist nur für die Reise. Eines für unser Bauernhaus und eines extra fürs Auto mit Spezial-Gurten zum Anschnallen.
Und ich? Also, im Auto liegt eine alte Wolldecke für mich. Und Gurte? Fehlanzeige.
Seit ein paar Tagen stelle ich mir deshalb die Frage: Haben mich Herrchen und Frauchen weniger lieb?
Ich habe nicht einen Strampelanzug. David Ben hat mindestens 10. Er hat Strümpfe und Schuhe aus Fell. Und meine Füße? Sie schmerzen bei der Kälte. Brennen durch das Salz, das ihr Menschen auf die Straßen werft.
Ich bin nur ein kleiner Mischlings-Hund – aber ich habe eine adelige Seele. Es gibt eine Großherzigkeit des Gemüts. Und die habe ich auch. Ich liebe Herrchen und Frauchen. Und ich weiß, sie tun es auch.

★ ★ ★

Aber jetzt übertreiben sie: Sie haben mir ein Körbchen geschenkt, das auf einem 10 m hohen Baumstamm steht – mitten in unserem Garten.

Ich kann zwar Bäume anspringen (bis 1 m komm' ich hoch). Aber ich bin doch kein Vogel.
Herrchen hat gelacht, mich auf den Schoß genommen und gestreichelt: »Das ist kein Körbchen, das ist ein Nest. Das ist nicht für dich. Das ist für einsame, frierende Störche, die kein Zuhause mehr finden und deshalb bei uns übernachten dürfen – quasi Asylanten der Lüfte.«
Störche in meinem Garten? Große Vögel mit langen Beinen und langen Schnäbeln?
Ich liebe alle Tiere. Aber mein Revier gehört mir. Wenn sie in ihrem Nest bleiben, ist alles okay. Doch wehe, sie fliegen tief ...
Aber wenn ich belle, kommt eh keiner.

Haben Hunde kein Recht auf Liebe?

Zweimal im Jahr beginnt mein kleines Herz ganz heftig zu pochen. 20 heiße Tage lang. Es ist die Sehnsucht nach Liebe ...
Nicht nach Herrchen (den hab' ich im Sack). Es ist eine hündische Liebe nach einem starken, großen Rüden, der mich zärtlich in seine Pfoten nimmt und mir den Himmel zeigt ...

★★★

Aber Herrchen ist eifersüchtig. Er legt mir einen kleinen schwarzen Keuschheitsgürtel um die Lenden, damit mich keiner anschnuppert. Dann sprenkelt er mir ein fieses »Hau-ab-Spray« auf den Popo, damit Sexy-Strolche einen Bogen um mich machen. Ich bin zur einsamen Jungfrau verdammt ...
Werde ich nie zu zweit (oder dritt) im Körbchen aufwachen?

★★★

Herrchen tröstet mich und streichelt mich mit seinen Pfoten: »Wir haben nichts gegen Babys. Aber wo sollen 10 kleine Rubyleins hin? Ins Tierheim? Zu Fremden, die ein kleineres Herz haben als du?«
Ich bin dann immer sehr traurig. Wenn ich Frauchen seh', wie sie Herrchen jun. stillt, dann könnt' ich leise jaulen. Aber ich bin ja »Baby-Guard«, eine Ersatz-Mama, die auf unser Baby aufpassen muss. Ich wache neben der Wiege, gucke nachts nach, wenn es schreit, wecke in Not meine Chefs. Ich darf das Baby sogar an den Füßen schlecken und am Kopf riechen ... Aber es ist kein Hund.

★★★

Wir haben einen Einbrecher im Garten! Er schaut aus wie ein Dackel,

hat aber riesige Ohren, 2 Dracula-Zähne und hüpft wie ein Fußball. Frauchen nennt ihn säuselnd »Nachbars Kaninchen«.
Aber in meinen Garten kommt kein Asylant, der nicht von Jägern verfolgt wird! (Wir haben schon einen kleinen – der in der Erde taucht und Häufchen macht.)
Jeden Morgen guck' ich, ob der Möhren-Dracula da ist. Denn Frauchens großes Herz lockt ihn an. Weil sie jetzt so gesund lebt, trinkt sie Karottensaft wie ein Kamel und schmeißt die Reste über den Zaun, damit der Nager im Winter was zu fressen hat. Ich hab' versucht, das Zeug wegzufressen. Aber es schmeckt grauslig. Solange Schnee liegt, lass' ich das Kaninchen leben. Aber wenn er schmilzt …

Das Geheimnis meiner Stöckchen

Hunde sind bescheiden. Wir haben keine Taschen, keine Konten und keine Kleider. Uns genügen ein Körbchen und ein Herrchen oder Frauchen, das uns liebt.
Aber es gibt eine Leidenschaft, die aus der Steinzeit stammt und genetisch in unserem Charakter verankert ist: das Spielen mit Stöckchen.

In unserem Garten gibt es 5 Arten meiner Lieblings-Stöckchen:

1. Das gekaute Stöckchen

Das ist ein abgebissenes Lieblingsholz, das meinen Zahnsabber eingesogen hat und das ich vielleicht schon mal vergraben hab'. Ich wittere es überall.

2. Der Riesenzweig

Den hat mir der Wind vom Baum gerissen. Er ist ca. 1 m lang (doppelt so groß wie ich). Ich muss ihn erst zurechtbeißen. Ich schleppe ihn wie einen Pflug hinter mir her.

3. Die Knaller-Äste

Das sind ausgetrocknete Überreste, die fast morsch sind. Sie zerbrechen fast schon beim Werfen. Wenn ich reinbeiße, dann zerknacken sie und zerbrechen in mehrere Teile.

4. Der Kamin-Scheit

Das ist mein neuer Lieblings-Stock. Er ist so schwer und dick wie eine Bierflasche. Aber ich kann mit meinem Gebiss sogar ein Pferd ziehen, also hebe ich auch so einen Brocken. Nur Herrchen ist oft zu schwach: Er schmeißt so träge, dass ich schon losrenne – und der Stock mir auf den Popo kracht und mich fast erschlägt.

5. Das Schreiner-Brett

Das ist von meiner Hundehütte übrig geblieben und schaut aus wie eine Tafel Schokolade. Herrchen hat Angst, dass ich mir einen Splitter einreiße, und versteckt es hinter den Mülltonnen. Aber ich rette es immer wieder.

★★★

Viele Menschen verstehen nicht, warum wir so stöckchensüchtig sind. Es ist einfach: Das Stöckchen ist der Ur-Knochen unserer Nahrung. Er ist Beutegut und eine Zahnbürste und Kaugummi der Natur. Menschen haben Zigaretten, Alkohol und Fußball – wir haben nur Stöckchen.
Es gibt nichts Schöneres, als wenn abends Herrchens Auto bremst und er mit mir in den Garten rennt. Drinnen schreit Frauchen irgendwas, dann quakt Mini-Herrchen. Aber wir kommen nicht. Wir spielen 10-mal »Stöckchen«. Danach schwitzen wir, keuchen und sind glücklich.
Wir putzen unsere Pfoten und hüpfen aufs Sofa. Meist gibt's dann Spaghetti …

Bin ich schon 28 Jahre alt?

Jeder Hund ist ein ewiges Baby. Denn ihr Menschen seid Über-Chefs. Eure Dominanz und Liebe überschattet uns, wir können nie ganz eigenständig und erwachsen werden …
Aber ich spüre, dass ich meine Kindheit und Unbekümmertheit langsam verliere.
Ich spüre Verantwortung in meinem Herzen. Die Beweise: Ich bin der offizielle Wächter von unserem Baby-Herrchen (10 Wochen).
Ich bin von Frauchen beauftragt, mit Herrchen senior (42 Jahre) jeden Morgen und Abend lange Gassi zu gehen, damit er dünner wird.
Ich bin der inoffizielle Schutzengel der Familie.
Aber darf ich keine Streiche mehr spielen? Darf ich nicht Herrchens Strümpfe stehlen und verstecken? Darf ich keine Stöckchen ins Haus schleppen? Darf ich nicht mehr aufs Bett hüpfen und dösen? Wird mein Leben jetzt schrecklich ernst?
Herrchen hat mich in seine Pfoten genommen, hinter den Ohren gekrault und meine 10 Busen gestreichelt: »Mit 3 Jahren ist ein Welpe endgültig ein erwachsener Hunde-Bürger. 3 Hundejahre gelten als 28

Menschenjahre. Deine Persönlichkeit ist jetzt abgerundet ... «

Dann zeigte er mir eine Vergleichsliste Hund/Mensch ...

Hunde-Alter/Menschen-Alter

3 Monate	3 Jahre
4 Monate	5 Jahre
6 Monate	10 Jahre
8 Monate	14 Jahre
12 Monate	16 Jahre
18 Monate	20 Jahre
2 Jahre	24 Jahre
3 Jahre	28 Jahre
4 Jahre	32 Jahre
5 Jahre	36 Jahre
6 Jahre	40 Jahre
7 Jahre	44 Jahre
8 Jahre	48 Jahre
9 Jahre	52 Jahre
10 Jahre	56 Jahre
11 Jahre	60 Jahre
12 Jahre	64 Jahre
13 Jahre	68 Jahre
14 Jahre	72 Jahre
15 Jahre	76 Jahre

Ich freue mich schon auf meine Rente. In 12 Jahren bin ich dann 76 Jahre alt – und Herrchen ist 54 Jahre. Dann sind wir sicher beide ruhiger geworden, und unsere Zähne schlechter. Dann sitzen wir bestimmt vorm Kamin und schauen in den glühenden Sonnenuntergang des Lebens ...

Aber erst haben wir noch 12 tolle Jahre.

Wie oft muss ein Hund fressen?

1-mal, 2-mal oder öfter ...?

Ich lebe im Schlaraffenland, weil mein Herrchen auch so gern frisst wie ich. Nur Frauchen ist strenger. Nach einer Orgie (Leberwurst/Spaghetti/Vanilleeis) setzt sie uns auf Diät. Doch nie lange ...

Aber Millionen deutscher Hunde hungern täglich mit knurrenden Mägen, weil ihre Menschen glauben, wir brauchten nur eine Mahlzeit pro Tag.

Das ist ganz falsch.

Wir sind keine Wölfe aus der Steinzeit. Die konnten bis zu 14 Tage hungern und überleben – bis sie wieder Beute fanden.

Doch wir Hunde sind seit 14 000 Jahren euer bester Freund. Wir haben euch beschützt, für euch gekämpft, mit euch alles geteilt und waren euch immer bis in den Tod treu.

Und dann gebt ihr uns nur einmal am Tag zu fressen? Hunde sind domestiziert. Wir sind Allesfresser – wie der Mensch! Wir brauchen eine ausgeglichene Nahrungspalette aus Fleisch und pflanzlicher Nahrung.

Jeder Hund braucht täglich 2–3 Mahlzeiten – mit ausreichend Wasser.

- Bei großen und starken Hunden reichen 2 Mahlzeiten pro Tag – morgens und abends.
- Bei jungen, kleinen oder alten Hunden sind 3 Mahlzeiten ideal.

Ich hab' es auch gern, wenn es zwischendurch Snacks gibt, z. B. Hunde-Plätzchen, gefüllte Knochen, Erdnuss-Flips, Prinzenrolle, Reste von Spaghetti – und vor dem Frühstück kleine Leberwurst-Schnitten.

PS: Auch heutige Wölfe fressen in einer beutereichen Gegend mehrmals am Tag ...

★★★

Ich wäre fast geplatzt – durch eine Eis-Bombe.

Es war schon spät (ca. 23 Uhr), meine Menschen schleckten ein teures italienisches Eis (»Icestelli«) während der Harald-Schmidt-Show.

Weil sie so viel lachten, hatten sie keinen Hunger mehr. Ich lag unterm Glastisch und wartete auf ein Betthupferl. Frauchen säuselte: »Gib ihr doch ausnahmsweise den Rest ...«

Es war eine schwarze Eiskugel mit Schokoladen-Stücken und -Sauce. Es kullerte in mein Näpfchen – und ich biss hinein wie in einen Knochen. Es schmeckte herrlich süß. Aber ich musste Stücke abbrechen, um sie danach schlecken zu können.

Ich schleckte und schleckte – und mir wurde immer schlechter. Mein kleiner Bauch war eine einzige Eisbombe. Ich fiel in mein Körbchen und hörte noch Frauchen flüstern: »Morgen muss Ruby einen Fastentag einlegen ...«

Fellkauf mit Herrchen

Ich liebe Einkaufen. Mein Herrchen wollte sich ein neues graues Flanell-Fell kaufen. Er braucht das, um Knochen zu verdienen. Aber weil er sparen will, ging er zum WSV (Winterschlussverkauf). Und ich durfte mit.

Mit meiner neuen Tampen-Leine (Seemanns-Tau mit Karabiner-Haken) zog ich ihn in die teuren Geschäfte. Er ist immer ganz schüchtern, weil er nicht weiß, ob Hunde da rein dürfen (aber ich darf sogar in das Hotel »Vier Jahreszeiten«, obwohl mich da der Chefportier in der Garderobe fest bindet).

Ich liebe Luxus-Läden, weil sie meist eine kleine Wiese vor der Tür haben

(Kokosmatten). Ich putz' da meine Schnauze ab und schrubbe meinen Rücken. Viele Zweibeiner gucken dann immer ganz blöd.
Aber wenn Herrchen 1000 Knochen für ein Fell ausgibt, dann kann ich doch wohl machen, was ich will.
Meine Pflicht: Ich muss mit dem Schwanz wackeln, wenn mir das neue Fell von Herrchen gefällt. Aber Herrchen hat eine ganz komische Krankheit, die wir Hunde gar nicht kennen: Eitelkeit! Er will sich verkleiden und guckt dauernd in einen aufrechten See (Spiegel).
Wir Hunde haben nur ein Fell. Das tragen wir, bis wir in die Grube müssen. Deshalb brauchen wir auch keinen Schrank, vor dem Herrchen jeden Morgen steht und schimpft.
Herrchen hat viele Felle probiert: Yamamoto, Dunhill, Brioni, Boss und Ladage & Oelke. Aber er sah immer sehr langweilig aus. Und ich habe auch gespürt, dass er eigentlich gar kein neues Fell will (Frauchen ist schuld).
Am Schluss haben wir gar nichts gekauft. Wir sind dann in meinen Lieblings-Laden gewetzt (Hund & Katze), und er hat mir eine Pansen-Bulette für 1,50 Mark geschenkt. Ich hab' sie aufgefressen und danach wunderbar gestunken.
Als wir nach Hause kamen, hat Frauchen etwas gebellt. Aber ich hab' doch 1000 Knochen gespart ...

Meine schönsten Sünden: Mist-Schnüffeln & Schuhe-Knabbern

Ich werde immer mehr zum Landhund. Die Vögel zwitschern, die Kühe muhen, Bauer Goschs Misthaufen stinkt – und Herrchen hat am Wochenende den ganzen Tag Zeit für mich.
SAMSTAG, 8 Uhr. Ich wecke Herrchen mit Kratzen & Schlecken. Er knurrt, schlüpft in sein weißes Fell[1], und wir gehen Gassi. Der Wind hat Zweige von den Bäumen gerissen, damit mir nie die Stöckchen ausgehen. Wir machen dann ein Wettrennen rund um die Bauernkate, bis Frauchen Frühstück gemacht hat.
11 Uhr. Mini-Herrchen (13 Wochen alt) kommt in sein rollendes Körbchen[2]. Ich bade meine Pfoten in der Ostsee.
16 Uhr. Aufwärmen im »Weißen Ross« mit schäumendem Wasser[3]. Plötzlich kommt ein liebes Ehepaar aus Hamburg, das mich erkennt und krault. Ich rieche, dass sie auch eine Hündin haben. Aber »Esta« ist schon 13 Jahre alt (68 Menschenjahre) und darf nicht mehr in die Kneipe.

20 Uhr. Spaghetti-Orgie vorm Fernseher. Frauchen liegt mit Mini-Herrchen auf einem Sofa. Herrchen & ich teilen uns das andere. Damit ich nicht eifersüchtig werde, krault er mich besonders zärtlich unter meiner grau melierten Schnauze. (Eine Art sexuelles Ur-Vorspiel bei Hunden. Es durchkribbelt den ganzen Körper.)
21 Uhr. Herrchen haut ab und nimmt mich nicht mit: »Ich muss jetzt auf den Feuerwehrball. Da ist es zu laut für dich ...«
SONNTAG, 3 Uhr früh. Ich höre, wie Herrchen auf 4 Pfoten ins Bett kriecht und grunzt.
12 Uhr. Weil Herrchen noch schläft, hole ich seine Pfoten-Pelze[4]. Sie riechen so gut nach ihm. Und deshalb knabbere ich sie ab wie einen Liebesknochen (mein Ur-Instinkt sieht das als Geschenk an).
15 Uhr. Schock! Frauchen hat alle Ästchen und Stöckchen auf die Schubkarre geladen – zum Abtransport. Herrchen muss sie auf Bauer Goschs Misthaufen verstecken.
16 Uhr. In der Dämmerung gehen wir dem Geruch nach. Ein wunderbares, penetrantes Jauche-Mist-Parfum. Ich will mich schon in eine Pfütze stürzen, als Herrchen schreit: »Tu's nicht!« Zu spät ... Der Duft umschmeichelt mich wie eine Wolke.
Herrchen knurrt, und ich weiß schon, was kommt: die Schaum-Folter in dem künstlichen Wasserfall[5].
Aber ich sündige halt so gerne ...

Rubys Hunde-Deutsch:

1 Frottee-Bademantel
2 Kinderwagen
3 Bier
4 Schuhe
5 Badewanne

Hilfe! Meine Krallen sollen unter die Guillotine

Wenn ich lieb sein will, schreien meine Menschen plötzlich.
- Morgens streichle ich Herrchen über die nackten Pfoten – und er brüllt.
- Beim Abendessen tapse ich Frauchen über ihre nackten Zehen – und sie knurrt.
- Aus Liebesfrust bin ich dann ins Körbchen von Mini-Herrchen (4 Monate) gehüpft – das war ein Geschrei!

»Ruby: Du bist ein lebensgefährlicher Struwwelpeter! Du hast Krallen wie Sicheln. Du hast Killer-Pfoten – die müssen ab!«
Wollen mir meine Menschen die Pfoten amputieren?

★★★

Es stimmt schon, meine kleinen Krällchen werden immer länger, weil sie sich auf dem weichen Landboden nicht so abwetzen. Deshalb lauf' ich auf dem Parkettboden drinnen fast Schlittschuh.
Herrchen hat sich jetzt einen »Krallen-Clipper« gekauft, der ausschaut wie eine Mischung aus Dosenöffner und Tranchier-Schere. Aber er traut sich nicht. Er hat Angst, mich zu verstümmeln. Ist er nicht lieb?
Wichtig: Wir Hunde haben keine Angst vorm Krallenschneiden. Aber sie dürfen nur vorsichtig gekürzt werden. Es tut höllisch weh, wenn ihr uns durch das durchblutete Gewebe schneidet.

★★★

Der Tierarzt soll uns jetzt zeigen, wie man mich manikürt. Doch ich geh' da nicht gern hin. Ich habe auch Frauchen flüstern hören: »Können wir Ruby dann nicht gleich sterilisieren lassen ...?«
Das alte Thema. Aber ich bin jetzt 3 Jahre alt (28 Menschenjahre) und habe auch ein Recht auf Babys. Herrchen flüsterte zurück: »Wir könnten Ruby doch klonen lassen wie Dolly. Dann können wir einen Ruby-Verleih aufmachen ... «
Er hat schäumendes Wasser getrunken und gelächelt.

★★★

Ich habe eine neue Nahrungs-Quelle erschlossen: Baby-Futter-Reste. Bislang gab es immer nur Milch. Jetzt kriege ich aber auch Brei: Früchte, Karotten, Grieß (bäh!). Am besten schmeckt mir Bananenmus. Herrchen fächelt unserem Baby David Ben mit der Mini-Euro-Banane vor der Stupsnase rum und sagt: »Das ist ein kleines Bier!«
Dann quirlt er sie mit einem elektronischen Ringelschwanz zu Mus. Wir schmatzen zu dritt ...

Oster-Stress: Was soll ich meinen Menschen schenken?

Wenn Herrchen nachts vom Knochenverdienen kommt, klimpert's in seinen Taschen. Da hat er glänzende glatte Steine[1] drin. Damit kauft er sich immer das viele Papier[2]. Aber Frauchen stiehlt es immer für das Sparferkel von Baby-Herrchen ...

★★★

Weil die Menschen so viel Steine haben, können sie sich viel kaufen (wir Hunde haben keine Taschen). Die schönste Sitte ist das Schenken. Bald hat der Osterhase Geburtstag.

Dieses karottenmampfende Nager-Monster, das beim Nachbarn wohnt (unter dem Tarn-Namen Kaninchen). Ich krieg' sicher ein Geschenknest.
Aber was soll ich schenken?
Ich hab' heimlich nach dem Gassi meinen Garten durchsucht.

Geschenk für Herrchen:

Mein Lieblings-Ast, etwas abgenagt. Aber ein Riesending, das ich kaum tragen kann. Daraus kann er sich einen Stock schnitzen.

Geschenk für Frauchen:

Eine Weidenrute mit kleinen Kätzchen. Die hab' ich beim Nachbarn abgebissen. Und die ist eh zu dünn für mich. Aber Frauchen liebt alles, was blüht…

Geschenk für Baby David Ben (4 Monate):

In meiner Hundehütte habe ich noch ein flauschiges abgerissenes Bein eines Teddys gefunden.
Ich habe auch überlegt, ob ich den alten, durchgekauten Hausschuh rausrücken soll. Aber dann hab' ich ja gar nichts mehr…

★★★

In unserer Stadt-Höhle[3] ist ein Mann mit schwarzem Fell[4] eingezogen. Herrchen hat viel Angst vor ihm. Weil er sich gleich verneigt hat und ganz lieb ist. Er nennt ihn »Bischof«. Das muss der Mann sein, der mich bei dem 3-Tage-Fest[5] nicht in die Stein-Höhle[6] gelassen hat. Jetzt soll er Mini-Herrchen auch noch im Wasser ertränken[7]. Schau'n wir mal.

Rubys Hunde-Deutsch:

1 Geldmünzen
2 Zeitungen
3 Mietshaus
4 Priestergewand
5 Hochzeit
6 Kirche
7 Taufe

Horror-Party: 8 Menschen-Welpen feiern!

O Gott, Mini-Herrchen (4 Monate) hat seine erste Party gefeiert. 8 Menschen-Welpen (von 8 Wochen bis 6 Jahre) hopsten, schrien und murmelten durch unsere Stadt-Wohnung (100 qm). Und Frauchens (Mamis) schnatterten dazu. Es war die Hölle!
Mindestens 8 kleine Hände versuchten ständig, nach mir zu grapschen. Achtung, Ringelschwanz in Gefahr.

Mehrmals wurde mein Frauchen gefragt: »Ruby beißt doch nicht?« – »Neiiiin! Ruby doch nicht. Ruby liebt Babys.« Na ja!
Meine Erkenntnis nach 4 Stunden Baby-Besuch: Ich brauche noch viel, viel Geduld mit Mini-Herrchen.

Mein Beschluss: Er darf ab jetzt bei mir in die Schule gehen. Ich werde ihm die wichtigsten Regeln des Lebens beibringen:

1. Beschenke die, die du liebst!
Also: Alle Leberwurstbrote zu mir.
2. Du brauchst Geduld!
Also: Nie an meiner Leine zerren, wenn ich noch nicht fertig geschnüffelt habe.
3. Schaff dir ein starkes Selbstwertgefühl!
Also: Nie den Schwanz einziehen.
4. Trage Verantwortung!
Also: Morgens immer zuerst Ruby füttern, erst dann selbst ins Brötchen beißen …

Übrigens, das ist kein Witz. Wir Hunde sind tatsächlich die besten Lehrer für Menschen-Kinder. Wissenschaftler der Uni Bonn haben herausgefunden: Kinder, die mit einem Hund aufwachsen, können besser ihre Gefühle zeigen. Sie sind verantwortungsbewusster. Haben ein stärkeres Selbstwertgefühl.
Und es gibt etwas, das wir Hunde viel besser können als ihr Menschen: Zuhören, ohne dazwischenzubellen. Und vor allem können wir, im Gegensatz zu den meisten Menschen, Geheimnisse für uns behalten.
Ich bin jetzt 3 Jahre alt. Noch 5 Jahre bleiben mir, bis Mini-Herrchen in die Menschen-Schule kommt. Dort wird er rechnen und schreiben lernen. Aber was ein echter Freund und was Treue bedeuten, das lass' ich ihn spüren.
P.S. Und mir kann er alles anvertrauen, wenn Herrchen und Frauchen keine Zeit haben. ich werde wahrscheinlich sein einziger Freund im Leben sein, der niemals etwas verpetzt …

Darf ein Hund keine Angst haben?

Ich bin tapfer. Ich bin nur so groß wie ein Bierkasten, aber ich bewache meine Menschen und unseren Welpen David Ben (9 Kilo) wie ein Löwe.
Ich belle, wenn ich Böses ahne. Aber manchmal zittert mein Ringel-

schwänzchen. Darf ein kleiner Hund denn keine Angst haben?
Meine Angst-Hit-Liste:

1. Grummelnder Himmel[1]

Wenn die Wolken trommeln und blitzen, verkrieche ich mich unter Herrchens riesiges Doppelbett. Wenn es ganz schlimm wird, darf ich sogar rein …

2. Die fliegenden Eisenknochen[2]

Immer wenn Frauchen böse ist, zieht sie die klirrenden Knochen aus der Hosentasche, mit denen sie die Türen aufsperrt. Sie raschelt dann an meinen Ohren oder schmeißt sie mir nach. Dann habe ich irgendeine große Dummheit begangen, weil wir uns wieder mal missverstanden haben. Aber ich spreche halt nicht so gut Deutsch wie ihr.

3. Die wandernden Haus-Wolken[3]

Wenn es Nacht wird und der elektronische Kamin[4] brennt, wandern plötzlich schwarze Wolken über die Wände. Ich krieche dann immer unter den Esstisch und warte, bis sie vorbei sind. Wenn Herrchen dann die Lichter ausknipst, sind sie plötzlich weg.

4. Große weiße Monster[5]

Ich bin kein Rassist. Ich habe selbst weiße Haut, auf der mein schwarzes Fell wächst. Aber große weiße Monster-Hunde haben mich gar nicht lieb. Sie hassen kleine schwarze Pinscher wie mich. Einmal hat mich einer so angebellt, dass ich über die Straße geflitzt und fast überfahren worden bin.

5. Der leuchtende Stab[6]

Wenn wir an der Ostsee nachts Gassi gehen, nimmt Herrchen immer einen schwarzen Stecken mit, der Blitze in die Nacht wirft, das ist ein unheimliches Gerät. Damit kann man ganz weit sehen. Es schaut aus wie das Schwert in »Star Wars«. Ich fürchte mich sehr davor, deshalb lässt es Herrchen jetzt immer im Schrank stehen.

6. Klatschende Zwerg-Menschen[7]

Sie schauen aus wie Erwachsene, sind aber keine. Sie tragen Taschen auf dem Rücken und machen viel Lärm. Solch ein Bonsai-Mensch hat mich mal furchtbar am Schwanz gezogen. Sie tauchen immer in kleinen Rudeln auf. Ich lauf' dann jedes Mal weg.

Aber wenn mich Herrchen in seine Pfoten nimmt, dann bin ich beschützt. Zu zweit haben wir gar keine Angst. Deshalb bleiben wir zusammen, bis ich in den Himmel komm'.

Rubys Hunde-Deutsch:

1 Gewitter
2 Schlüsselbund
3 Schatten im Zimmer
4 Fernseher
5 weiße Hunde
6 US-Stabtaschenlampe
7 Schulkinder mit Ranzen

Meine Lebensaufgabe: Wie dressier' ich Herrchen?

Herrchen ist kein großer Hunde-Führer. Er spricht undeutlich, er hat keinen starken Willen. Er ist faul. Spazieren gehen ohne Ziel ist ihm ein Gräuel. Er ist inkonsequent. Er verzeiht alles. Kurzum: Ich liebe ihn. Er ist das ideale Herrchen. Denn ich als Frau kann ihn leicht um meinen Ringelschwanz wickeln. Er meint, er sei mein Chef. Dabei dressiere ich ihn mit ganz viel Liebe.

● **Wenn ich leise fiepse:** Dann kommt er und streichelt mich mit seinen großen klobigen Händen. Oft bin ich einsam. Aber ein Fieps genügt.

● **Wenn ich an der Tür kratze:** Dann knipst Herrchen sogar seinen geliebten TV-»Tatort« aus und schlüpft in die Gummistiefel. Wir gehen dann Gassi oder Pups machen. Oder wir flachsen einfach rum.

● **Wenn ich mich auf den Rücken lege:** Dann wirkt das wie ein Zärtlichkeits-Magnet. Er krault mich an meinen 10 Busen, kribbelt unter meinem grauen Kinn – und spielt Hupe mit meiner Stupsnase.

● **Wenn ich ihn unterm Tisch am Fuß kratze:** Dann weiß er, sein persönlicher kleiner Mülleimer ist da. Wir haben einen Pakt geschlossen, dass wir jeden Bissen teilen – wenn Frauchen nicht hinguckt.

● **Wenn ich nachts bei seiner Heimkehr Pirouetten drehe:** Dann schimmern seine blauen Äuglein vor Rührung. Er massiert mich am ganzen Körper und murmelt: »Ruby, du bist die Beste.« Manchmal spielen wir sogar noch »Night-Stöckchen«. Es ist dann schon so dunkel, dass mein kurzsichtiger Boss fast nichts mehr sieht. Er schmeißt das Holz in die Nacht. Aber ich hab' Dämmerungs-Augen wie ein Wolf und sehe jede Bewegung.

★ ★ ★

Nur ein Dressur-Akt ist mir noch nicht gelungen: Nach Mitternacht schleiche ich oft aus meinem Körbchen und mache Männchen neben seinem Riesenbett. Dann schlecke ich ihn wie in »Romeo & Ruby«. Aber er bleibt stur (im Hintergrund flüstert Frauchen: »Wehe, du lässt sie rein!«). Nur einmal bei einem grausigen Gewitter habe ich es geschafft … Es war so schön da drin …

Pochendes Herz: Herrchen verlässt mich ...

Bevor Herrchen etwas sagt, weiß ich es. Ich spüre, wie sein großes Herz schmerzt. Es kommt die Zeit der Trennung …

★★★

Er druckst rum. Seine Körpersprache quält sich. Es ist jedes Jahr ähnlich: Herrchen und Frauchen wollen Urlaub von mir machen. Sie wollen zwei Wochen aufwachen können, ohne mich zu streicheln. Ohne Fellkuscheln. Ohne Brustkraulen. Ohne Stöckchen-Suchen. Sie wollen nur noch Mensch sein …

★★★

Natürlich bin ich traurig. Was ist ein Rudeltier ohne Rudel. Ich werde jeden Morgen und jeden Abend am Fenster stehen und warten, bis sie kommen. Aber ein bisschen ist die herrchenlose Zeit auch wie Ferien:

- Ich darf zu Schwiegerma in das romantische Haus am Wald (mit Teich zum Goldfische jagen).
- Ich hab' 3 Hunde zum Spielen.
- Es ist ein Schlaraffenland: morgens Leberwurst-Schnitten, abends Bratenreste.
- Ich kann Hund sein und die Sau rauslassen: Ich darf schmutzig sein, kann mich balgen, darf ums Haus rennen, so oft ich will, und kann schlafen, so lang ich mag.

★★★

Auch Hunde brauchen Pausen. Herrchen ist ja nicht einfach. Er ist faul, will nie spazieren gehen, seufzt und stöhnt oft nach der Knochenarbeit. Ich bin für ihn ein kleiner kuscheliger Psychiater, der ihn tröstet und ihm den Stress von den Fingern leckt (Frauchen und ich wechseln uns in der Zärtlichkeit ab).

★★★

Aber nach einer Woche wird mir die neue Freiheit zu viel. Mein kleines, pochendes Herz hat Hunger nach menschlicher Wärme. Ich brauch' die beiden wie Eltern. Sie müssen mich durch die Welt begleiten. Sie sind mein Lebenssinn. Und das

Schönste ist das Knirschen von Herrchens Autoreifen, wenn er ungeschickt vor unserem Häuschen einparkt. Das ist wie Weihnachten …

★ ★ ★

Die beiden fliegen nach Mallorca – der Insel der leidenden Hunde (10 000 laufen da angeblich frei rum). Aber heute Morgen kam Herrchen und hat mich gekrault: »Liebe Ruby. Wir haben keinen Flug mehr gekriegt. Wir bleiben da. Freust du dich?«
Na ja. Alle meine Sorgen waren umsonst. Ein bisschen hätten sie doch wegfahren können …

Wochenmarkt: Was soll ich bei der Polizei?

Ich freue mich auf jeden Donnerstag. Da gibt es die neue Bild-WOCHE, und es ist Markt-Tag. Wie die 3 Musketiere hecheln Frauchen, unser Baby & ich den Düften nach.
Kurz vor dem Markt schmieden wir eine kleine Verschwörung: Frauchen macht die Leine los – und ich wetze als herrenloser Streuner in mein kleines Paradies.
Mein Lieblingsplatz ist an der Würstchenbude. Ich schaue den Zweibeinern so lange auf ihre dampfende Currywurst, bis ich ihr Herz weichgeknetet habe. Dann plumpst alles vom Himmel …
Leider gibt es auch ein paar schwarze Schafe am Markt. Die zischen: »Was macht der Hund auf dem Markt? Hier ist doch Hundeverbot.« Ich stell' mich dumm. Und flitze weiter.
Aber es gibt hauptsächlich liebe Menschen. Eine ältere Dame seufzte: »Ach, das arme Hündchen! Das hat man sicher ausgesetzt. Wie hungrig es aussieht.« Sie wollte mich in die Arme nehmen und zur Polizei tragen. Frauchen dachte: ein Hundedieb. Aber dann hat sich alles in Lächeln aufgelöst, und Frauchen hat leicht geschwindelt: »Ruby hat sich leider von der Leine losgerissen …«

★ ★ ★

Mein kleines pochendes Herz schmerzt. Meine Freundin ist gestorben …
Sie hieß »Lady«, war schon 14 Jahre alt (72 Menschen-Jahre) und hatte Krebs. Sie war ein wuscheliger Mischling und schluckte teure Medizin aus Amerika. Aber sie wurde immer träger und müder. Und das Aufstehen schmerzte. Ihr Frauchen hat sie dann ins Auto getragen und gestreichelt. Wir 3 anderen Hunde wussten, dass wir sie nicht mehr wieder sehen. Sie

fuhr in den Himmel der Hunde (den gibt es, sagt euer Papst).
Herrchen hat mir erzählt, wie man so sanft ins Paradies kommt: »Es pikst nur leicht und tut gar nicht weh. Dann schleicht sich ein wohliger Schlaf in deinen Körper. Und du fühlst dich wie am Sonntagmorgen: Du kannst ganz lange ausschlafen. Dann trägt dich eine Wolke in ein Schlaraffenland, wo Würste an den Bäumen wachsen und Millionen Stöckchen im Gras liegen. Und wenn Herrchen vor mir in den Himmel kommt, dann wartet er da auf mich – oder ich auf ihn ...

Hilfe! 4 Kindsköpfe stürmen unsere Hütte

Draußen zwitschert's. Die Sonne streichelt die Erde. Und bei mir juckt's.
Plötzlich zögert Herrchen, mich zu kraulen. Plötzlich schaut mich Frauchen schief an. Plötzlich schreien alle, wenn ich aufs Sofa hüpfe. Selbst Baby-Herrchen wird vor mir versteckt ...
Der lächerliche Grund: **Ich haare!** Ihr Menschen habt einen Schrank mit vielen Kleidern. Ich habe nur einen Pelz. Weil's im Winter so kalt ist, ist er dick und lang. Im Frühling fällt der alte Pelz ab, und ein leichter neuer wächst. Wo ist da das Problem?
Wenn Herrchen mich täglich 3–5 mal bürsten würde, ein bisschen baden, dann wär' alles okay! Aber ich selbst hab' doch keine Hände. Nur weil sich kein Schwein um mich kümmert, liegen überall kleine schwarze Härchen ...

★★★

Seit Baby-Herrchen (5 Monate) da ist, kann ich nichts recht machen. Ich darf nicht mal vor Freude bellen, wenn Papa-Herrchen heimkommt, weil ich's Baby wecke. Ich soll bloß still sein und mein Maul halten. Das ist doch kein Hunde-Leben!

★★★

Die 4 lieben Kindsköpfe Antonia, Marlene, Kim & Jon (zwei Zwillingspaare, je 3 und 8 Jahre alt) besuchten unsere kleine Bauernhütte am Meer.
Ich hab' mich so gefreut! Ich kreiselte, sprang hoch, hüpfte sie mit meinen Pfoten an – aber alle schrien! Plärrten! Die zwei kleinen Kinder weinten! Warum?
Herrchen knurrte. Frauchen bellte: »Kann Ruby nicht mal für eine Stunde draußen bleiben?« Herrchen musste mich wie einen Sklaven abführen und aussperren!

Ich jaulte. Ich raste ums Häuschen. Ich kratzte.

Endlich knarrte die Tür. Herrchen trug mich wie ein Baby in die Familien-Feier. Ich grinste und durfte unterm Mittagstisch in meinem Körbchen Mülleimer spielen (Würstchen, Frikadellen, Schweinsbraten, Pommes frites, Nudeln).

Herrchen flüsterte: »Die kleinen Kinder haben schlechte Erfahrungen mit einem bösen Hund. Der bellte und biss. Deshalb haben sie ein bisschen Angst. Du musst sie überzeugen, dass 99 Prozent aller Hunde lieb sind …«

Ich schnurrte. Ich wälzte mich auf den Rücken. Und winkte sogar mit meiner Pfote, als meine Hütte wieder mir gehörte …

Der Schatz der 100 Stöckchen

Ich habe den schönsten Spielplatz der Welt: unseren verwilderten Garten an der Ostsee.

Für Menschenaugen wirkt er schlampig, etwas verwahrlost und gesprenkelt mit Holz. Aber für mich ist er die Schatzinsel der 100 Stöckchen.

Einige hab' ich vergraben (für Notfälle). Die meisten sind von den Bäumen gefallen. Und mit allen hab' ich gespielt, hab' sie abgekaut, zerknackt, abgeschleckt. Mein Herrchen hat jedes in die Luft geworfen – und dann natürlich liegen gelassen.

Denn Herrchen hat ein eingebautes Faulheits-Gen. Es schmerzt ihn im Rücken, wenn er sich bücken muss. Auch tun seine Hände weh, wenn er den Rechen ziehen soll. Deshalb liegen überall wunderbar verteilt Stöckchen zum Spielen. Herrchen meint: »Das ist ein Gesamtkunstwerk. Ein Hundeparadies. Warum sollen wir es zerstören?«

Dummerweise hat Frauchen ein eingebautes Heinzelmännchen-Gen. Sie hat schon drohend die Schubkarre aus der Garage geholt: »Ihr beiden Faulpelze räumt diesen Sauhaufen auf. Alle Stöckchen kommen auf den Misthaufen von Bauer Gosch!«

Herrchen bettelte: »Das kannst du Ruby nicht antun.«

Ich winselte und wedelte.

Aber Frauchen hat einen empfindsamen Schönheitssinn (sie liebt z. B. Antiquitäten und saubere Küchen). Meine Stöckchen stören ihr Auge. Doch plötzlich klatschte ein erster Regentropfen in unsere angespannte Ratlosigkeit. Herrchen reagierte als erster: »O Gott, Gewitter! Ruby wird ja ganz nass! Nix wie rein …«

In unserer Bauernhütte roch es schon nach Gulasch. Und gleich war »Tatort«-Zeit …
Wir hüpften widerwillig aufs Sofa und kuschelten grinsend.

Krieg ich eine Wohn-Höhle?

Ich sah sie zuerst im Schaufenster. Ich wurzelte. Ich starrte so lange hin, bis Herrchen stockte und sich schmunzelnd zu mir umkehrte: »Ich weiß ja, Ruby, das ist dein Porno-Shop.«
Es ist der Hunde- und Katzenladen im Hamburger »Hanse-Viertel«. Da gibt es alles, was ich noch nicht habe. Einmal pro Woche reiß' ich mich in der überdachten Passage los und wusel da hin – nur zum Gucken und Schnüffeln.
Aber jetzt hatte ich was Wunderschönes entdeckt. Es stand ganz oben links: eine Wohn-Höhle!
Herrchen guckte hin und nickte. Jetzt kam auch Frauchen mit Baby-Herrchen im neuen Kinder-Cabrio.
Wir standen vor dem Schaufenster und hielten Familienrat. Frauchen seufzte zusammenfassend: »Nach 3 Jahren verdient Ruby schon ein neues Kuschel-Körbchen.«
Unser ganzer Indianerstamm stürmte das Geschäft. Hier stinkt es herrlich nach gefüllten Knochen. Herrchen wollte mir gleich eine quiekende Gummi-Bierflasche kaufen. Frauchen suchte wieder bei den blöden Bürsten. Aber ich guckte nur nach oben zu dem schönen Kuschel-Palast:
Er war groß wie ein Bierfass. Er schaute aus wie ein großer, blauer Astronautenhelm mit einer wassermelonengroßen Öffnung zum Reinhüpfen. Es ist eigentlich kein Körbchen, sondern ein blauer, weicher Wohnball mit Loch.
Herrchen guckte auf das Preisschild und schüttelte sich.
Die reizende Verkäuferin, die mir eine Mini-Wurst zusteckte, sprach auf mich ein: »Das ist ein französisches Modell. Es ist ein Einzelstück. Wir haben es von einer Ausstellung. Es ist das schönste Körbchen, das es gibt. So was hat natürlich seinen Preis … «
Aber Hunde haben keine Taschen. »Wie viel?« bellte ich. »220 Deutsche Knochen …«
Plötzlich wurde es still. Aber da sah ich, wie Herrchens Pfote in die hintere Jeanstasche glitt. Sein Herz ist so groß wie sein Geldbeutel.
Mein Schwanz wirbelte.
Die Verkäuferin hob meine Traum-Villa vom Regal. Sie erstarrte. Ein Zettel klebte dran: »Verkauft! Wird abgeholt … «

Wenn ich heulen könnte, wär' ich in meinen Tränen aus dem Geschäft geschwommen.
Herrchen beugte sich zu mir hinunter, kraulte meinen Bauch. »Vorfreude ist die schönste Freude. Ein Traum, der sich erfüllt, ist keiner mehr. Wir werden ein neues Körbchen finden, das noch schöner ist ... «

Liebe ist ... wenn er für mich um 4 Uhr nachts aufsteht

Wir waren alle müde. Baby-Herrchen schnarchte leise. Frauchen und Herrchen lagen mit chinesischen Schlafaugen auf dem Sofa (sie wollen immer noch die »Harald-Schmidt-Show« sehen).
Wir knipsten alles aus und schlurften jeder in sein Bettchen ...
2 Uhr: Blökt ein Schaf? Nein: Mein Brüderchen David Ben träumt.
3 Uhr: Tapsige Schritte. Einbrecher? Nein: Frauchen guckt besorgt nach unserem Baby.
4 Uhr: Ich wach' auf. Ich Depp! Mein Bläschen drückt. Ich hatte um 23 Uhr vergessen, an der Tür zu kratzen, dass ich raus will. Was soll ich tun? Der Balkon ist zu. Am bequemsten wär's am Lammfell im Babyzimmer. Am ehrlichsten wär's im Bad. Aber am liebsten wär's mir draußen. Ich nehm' meinen ganzen Mut zusammen und stell' mich wie ein Känguru an Herrchens Bettseite. Erst schleck' ich seine hängende Hand. Nichts! Dann kratz' ich ihn mit dem Pfötchen am Kopf. Ein Schnurren: »Du? Ruby? Ach Gott! Wir haben vergessen, Bächlein zu machen ...«
Ich nicke.
Er schleicht sich aus diesen wunderbar duftenden Daunen (wo ich so gern drin wär'). Er irrt nackt durch die Wohnung, stößt sich am Schrank, schlüpft in einen Mantel – und beide flitzen wir in die Nacht.
Ist Herrchen nicht süß? Das ist ein Mann, von dem man träumt.

★★★

Wir haben einen neuen Zwinger – mit Gitterstäben, Mini-Rädern und einer herrlich gepolsterten Liegematte. Es ist das neue Gefängnis von Baby-Herrchen (6 Monate).
Wenn ich jetzt von draußen komm' und nach dem Rechten schaue, muss ich mich nicht wie eine Giraffe ans Himmelbettchen stellen. Jetzt kann ich einfach durch die Gitter gucken, ob mein Brüderchen okay ist. Er liegt wie ein Maikäfer auf dem Rücken und guckt mich mit seinen Genscher-Ohren an. Ich schleck' ihm dann seine Füßchen – und er

lacht. Händchen und Gesicht sind für mich Tabu-Zonen. Er »streichelt« mich manchmal. Doch seine Pfötchen kneifen wie Baggerschaufeln. Es tut ein bisschen weh. Aber ich knurre nur zärtlich, weil ich ihn ja auch so lieb hab' wie einen eigenen Welpen …

Mein neuer Job: Hausmeister & Butler

Ich belle, also bin ich. Aber seit mein Brüderchen Baby-Herrchen geboren wurde, soll ich still und schmusig sein wie eine Katze. Doch das geht gegen meine Natur. Ich bin ein Jagdhund. Wenn ich einen Eindringling wittere, muss ich knurren. Wenn jemand klingelt, muss ich anschlagen. Aber Frauchen wirft immer mit dem Hausschuh nach mir: »Du weckst das Baby!«

★ ★ ★

Herrchen kam auf eine geniale Idee: »Ruby, ich ernenne dich zum offiziellen Hausmeister und Butler!« Ich war sehr stolz. Jetzt muss ich mich um alles kümmern, z. B. Gäste:

- Wenn Hausfreund Kai zur Spaghetti-Orgie kommt, muss ich ihn vorm Haus abholen. Ich muss ihn anspringen, zur Begrüßung bellen und ihn vor Freude umzingeln. Wenn er Stöcklein mit mir spielt, darf er rein.
- Ich bin auch Schlüssel-Butler. Weil Herrchen immer die schweren Sachen aus Frauchens Auto schleppen muss, bindet sie mir den Schlüssel ans Halsband. Wenn ich ihn kommen höre, rase ich raus, belle, schlecke, hüpfe & spiele fangen. Wenn er mich erwischt, darf er die schweren Baby-Sachen reintragen (z. B. Windeln).
- Ich bin auch Hofnarr. Wenn es die schrecklichen Baby-Treffs gibt, bin ich quasi ein Ein-Mann-Streichel-Zoo. Jedes Kind darf mich kneifen, zwicken, am Schwanz ziehen und kraulen. Aber wenn ich schnurrend knurre, bin ich gleich wieder eine Bestie. Ich werd' dann in die Küche eingesperrt. Aber da hab' ich wenigstens meine Ruhe …

★ ★ ★

Herrchen liest ein neues Buch über meine Spezies: **»Wer ist hier der Boss? – Vom Umgang mit eigenwilligen Hunden«**, von Nicholos Dodman (39,80 DM, 319 S., Hoffmann & Campe).
Er guckt mich dann immer ganz komisch an und liest vor: »Wenn Hunde zu sehr lieben … dann leiden sie an Trennungs-Angst … Du auch?« Ich nicke. Ich hasse es, wenn er

morgens zum Knochenverdienen muss und mich 12 Stunden allein lässt. Wir haben einen Bund fürs Leben geschlossen: Wir sind ein Rudel. Für uns Hunde ist es ein Liebes-Entzug, wenn ihr Menschen uns allein lasst. Das tut sehr weh. Deshalb müsst ihr immer ganz schnell wieder nach Hause kommen.

★★★

Liebe Leser!

Haben euch meine Geschichten gefallen? Dann seid ihr sicher auf neue Abenteuer gespannt. Meine aktuellsten Erlebnisse findet ihr natürlich weiterhin jeden Donnerstag in der Bild-WOCHE und Herrchens Erlebnisse mit mir jedes »Knochenende« in Bild. Und ganz bestimmt gibt es auch bald eine Fortsetzung in Buchform. Also haltet Augen und Ohren offen, wir sehen uns bestimmt wieder. Wuff…

Eure Ruby